天下文化

BELIEVE IN READING

謝詞

敬以「台灣軟實力之島」套書　獻給

（1）雙親：戰亂中從未使孩子們輟學過；又以一生退休金，購得單程機票，送他的孩子赴美讀書。

（2）家庭：內人麗安與二個孩子兆均、兆安，全心支持我在世界各地的教學與調研。

（3）大學時代（1953-58）老師：徐復觀、張研田、劉道元、陳越梅。

（4）美國讀書與教書（1959-2000 年代初）的師友們，感謝從略。

（5）台灣（1969 年後）使我受益的首長及師友：

- 李國鼎、郝柏村、許歷農、趙耀東、連戰等；
- 星雲大師、于宗先、孫震、許士軍、王建煊、陳長文、李誠、姚仁祿、林祖嘉等。

（6）四十年來一起推動出版媒體事業的：張作錦、王力行；及工作伙伴楊瑪利、林天來、許耀雲、楊慧婉等。

高希均

2024.2.1　台北

編按

本書第三版增訂如下：

（一）中文人名索引

（二）英文人名索引

（三）彩色頁新增標題

（四）以上增修，請詳見目錄

中興大學校園中的一景

圖 1 ：1959 年 7 月出國前返台中母校，左二為自己，左三為劉麗安，一年後東海畢業去美國讀書，就變成了我的妻子。

— 使我在威大教書得益的同事及諾貝爾獎得主 —

圖 2：使我得益良多的同事們：左一為威大文理學院長 Richard D. Swensen，左二為前經濟系主任 Gilbert Smith，右一為政治系系主任 Raymond Anderson，在我家中合影。

圖 3：1982 年在兒子 Carleton College 的畢業典禮上與諾貝爾經濟學獎得主 George Stigler 合影。

分享進步觀念的歷程

圖 4：1986 年我與《遠見》《天下》雜誌創刊號海報。

兩位尊敬的首長——李國鼎與郝柏村

圖 5：1989 年 9 月與李國鼎資政合影於「天下文化」改名典禮。

圖 6：2007「天下文化」歡慶 25 週年的活動上，贈與郝柏村院長暢銷 18 萬冊的《無愧》。

一起共同努力的重要同事

圖 7：遠見 · 天下文化事業群五位董事，右起許耀雲、林天來、高希均、王力行、楊瑪利，於 2023 年尾牙。

三位創辦人很高興一起做了對的事

圖 8：2017 年「天下文化」35 週年感恩茶會。

圖 9：2022 年是天下文化 40 週年，1 月 15 日我的著作《進步台灣》與遠見 · 天下文化發行人王力行的著作《一生帶著走的能力》舉辦新書聯合分享會，右一為張作錦創辦人。

美國家中的貴賓——傅高義教授

圖 10：1991 年 4 月窗外雪景，我與哈佛大學傅高義教授（Ezra Feivel Vogel）在威州家中。

圖 11：2000 年威州家中的畫廊。返台前此住宅捐贈給威州大做「國際學人交流」。

諾貝爾獎得主康納曼在我們人文空間演講

圖 12：2013 年 4 月 1 日諾貝爾獎得主康納曼教授（Daniel Kahneman）與遠見・天下文化事業群同仁親切對談。（康納曼不幸於 2024 年 3 月過世。）

圖 13：2012 年星雲大師邀請傅高義教授（左二）去佛光山，講述鄧小平的經濟改革。右為前國安會祕書長蘇起、發行人王力行。

社會人文 BGB570A

進步

累積台灣優勢

打造台灣軟實力之島・卷三

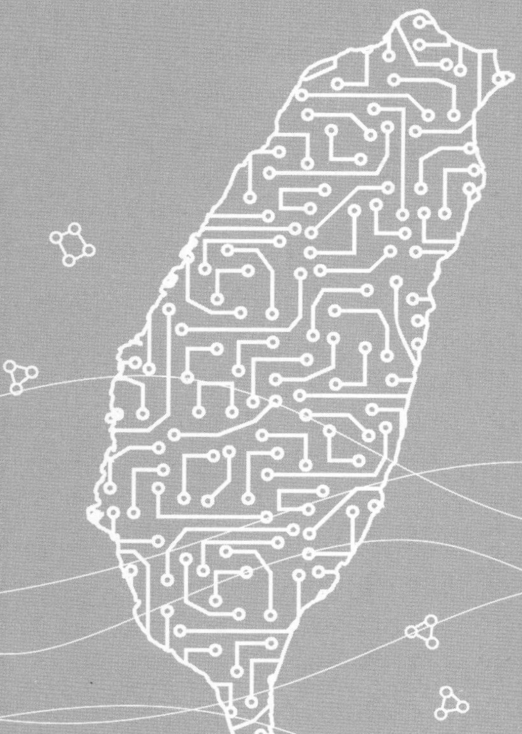

高希均 著

進步：累積台灣優勢

目錄
contents

—卷三進步——圖片集錦—

中興大學校園中的一景 i

使我在威大教書得益的同事及諾貝爾獎得主 ii

分享進步觀念的歷程 iii

兩位尊敬的首長——李國鼎與郝柏村 iv

一起共同努力的重要同事 v

三位創辦人很高興一起做了對的事 vi

美國家中的貴賓——傅高義教授 vii

諾貝爾獎得主康納曼在我們人文空間演講 viii

—總序 打造台灣軟實力之島— 開放・文明・進步・和平・學習

——向新總統賴清德的施政方向建言 高希均 008

—二〇二一年《進步台灣》自序— 推動進步觀念的初心 014

第一部 啟航——八〇年代觀念啟航 024
01 一九八一年《天下》雜誌創刊詞——經濟是我們的命脈 026
02 一九八六年《遠見》雜誌創刊詞——為什麼要創辦《遠見》？ 030
03 一九八二年「天下文化」起步——撒下一顆學習的種子 036
04 二〇〇二年「小天下」的誕生——以少兒優良讀物為「大格局」催生 040
05 二〇〇六年《哈佛商業評論》全球繁體中文版問世——呼應台灣的需求 046
06 Harvard Business Review 百年輝煌——全球繁體中文版邁入十七年 052
07 傑出「領導」創造完美「影響力」——Leadership Impact Institute 緣起 057
第二部 共擁天下——播種「改」與「變」的觀念 064
08 我們的企業家在哪裡？ 066
09 創造財富才能照顧低所得 074

進步：累積台灣優勢

目錄
contents

10 我們要把什麼留給下一代 079
11 人力投資與人才利用 084
12 決策錯誤比貪汙更可怕 090
13 「經濟人」與「社會人」 096
14 「按道理做」——財經決策的基本原則 109
15 扭轉財經政策的「無力感」 114
16 放眼看天下——不做「國際經濟文盲」 120
17 灰燼中出鳳凰——「經濟衰退」的教訓：「盡己所能」 126
18 市場經濟下的「競賽規則」——美國的例子 132
19 為什麼決策會錯誤？ 142
20 我們從「日本經驗」中得到什麼？ 148
21 推動進步觀念的絆腳石 157

22 攀登三座經濟頂峰——自由化、制度化、國際化 163
23 交棒人全力以赴，接棒人全力衝刺 169
24 企業形象——良性循環的原動力 174
25 白天鵝抑醜小鴨？——減少政府與民間的差距 182
26 不再是保母，不再是公僕——給公務員應有的尊敬 188
27 如何對抗自私與短視 193

第三部 共懷遠見——栽植觀念之樹 198

28 為下一代子孫的幸福投資 200
29 不能打折扣的公信力 209
30 人才是一切的根本 214
31 如何贏得國際尊敬 220

進步：累積台灣優勢

目錄
contents

32 三星創辦人李秉喆——寧靜與堅強 229
33 知識之宮——紐約的公共圖書館 238
34 前有勁敵，後有追兵——亞洲四小龍飆向二十一世紀 248
35 二十一世紀是誰的天下？ 258
36 中產階級社會要靠制度運作 271
37 縮短六十年所得差距——鄧小平需要「台灣經驗」 276
38 不要強人領導，要強勢領導 284
39 位高、名重、權大，但影響力小——從美國總統想到台灣領導 292
40 五種「新夾殺」下的企業危機 300
41 物價變動值得重視，不值得緊張 308
42 這是一個貪的時代——它使人心散、心慌、心變 317
43 貫徹「執行力」，不能忽視「注意力」 327

44 專業內要內行，專業外不外行 333
45 一人教訓兩黨、穩兩岸、救兩代——韓國瑜的勝利 339
46 民心在翻轉，政治人物要換腦袋 344

第四部 新冠病毒肆虐下的省思（二〇一八～） 350

47 川普主政下，遠離「美國第一」——諾貝爾獎得主史迪格里茲的評斷 352
48 以讀攻毒，以書止輸 359
49 我們同在一口井裡——在世界失控中的四項覺醒 365

—附錄—

(一)中文人名索引 373
(二)英文人名索引 375

—總序　打造台灣軟實力之島—

開放．文明．進步．和平．學習

——向新總統賴清德的施政方向建言

高希均

（一）流血、流汗、流淚

百年台灣的生命歷程就是血、汗、淚交織而成：有先烈的血跡、有先民的汗水、有先人的淚影。

流血是要推翻政權的殖民與獨裁，建立民主的法治社會。

流汗是擺脫貧窮與落後，建立小康的公平社會。

人不怕死，就可以點燃流血的革命火種；人不怕苦，就可以投入流汗的經濟起飛；人不怕「無情」，就可以毫不遲疑地展現大是大非。

台灣不缺流血的革命英雄（如施明德），更不缺流汗的企業家（如王永慶），獨缺能割斷情感、展現公私分明、大義滅親的理性選民。

台灣社會此刻最需要的就是一場空前大規模地切割各種情結的理性革命。我們都記得剛去世的施明德的名言：「承受苦難易，抗拒誘惑難。」而人最重要的誘惑有三：權力、財富、感情。

流血革命的人，是要獲取政治權力；流汗奮鬥的人，是要獲取財富；那麼流淚的人是要獲得什麼？這正是人性中的弔詭！

流淚的人是在付出、是在掙扎、是在等待。

（二）奈伊的「軟實力」

在國際地緣變局中，美國已無法任性地我行我素，中國則或直接或間接地展示它的影響力。在兩岸經貿減溫、互信更冷的僵持下，台灣陷入空前的焦慮。

哈佛大學奈伊教授在一九八〇年代末提出了「hard power」與「soft power」的概念，正可用到當前台灣。

前者是指一國以軍事上的強勢來壓制對方，完成國家政策目標；後者是指一國以其制度上的、文化上的、政策上的優越性或道德性，展現其吸引力。

再進一步說：「軟實力」是一種正面力量，展現在制度上（如民主、法治）、生活方式上（如多元、開放）、政策上（如環保、消滅貧窮）、文化的分享與互動上（如藝術、音樂），因展現吸引力，使別人樂意仿傚、學習、嚮往。「硬實力」展現在核彈、航母、衛星等戰力上。但因武器採購費用龐大，有時沒有嚇阻敵人，先拖垮了自己財政。冷戰時代的蘇聯即是一例，我們此刻一年六千億武器購買，也面臨了嚴峻考驗。

天下文化曾出版了幾本相關的重要著作。如奈伊的《強權者的道德》（二〇二〇年），前行政院長江宜樺寫了篇深刻精彩的導讀。另一本是王力行發行人主編的《贏在軟實力》，《遠見》雜誌二〇一九年十一月號也製作了〈雙面台灣——一流軟實力 三流硬實力〉專題。

（三）主宰自己的命運

就台灣當前處境來說，最安全的國家安全政策就是不改變現狀——不獨不統、不修憲法、不改國號、不辦公投。在不挑釁對岸下，台灣就可以安全地生存發展；對岸也可以持續它的改革與開放。這樣的做法正是藍海策略的思維，讓雙方跳出硬實力的紅海競賽，開創軟實力的汪洋大海。

台灣在被邊緣化的國際大環境中，唯一可以突破的出路，就是全面提升「軟實力」，來改善台灣的吸引力，增加台灣的影響力。蘇起教授近年倡導：「台灣的民主制度、自由經濟、開放的社會，是台灣『軟實力』的重要因素。只要充分發揮這些『軟權力』，台灣不僅更繁榮，而且更安全。」

（四）構建「軟實力之島」（Taiwan As an Island of Soft Power）

新總統即將於五月二十日上任，他應當把注意力，從硬實力層面轉向軟實力方面。蔡總統任內在電視上常看到的畫面，都是與軍事相關，她自己穿著軍服訓話，其次是參觀各地廟宇，最少的就是總統記者會及探訪青年學生與基層民眾交談。

當以「軟實力」為主軸時，台灣人民突然共同發現，這一條是台灣真正的出路。從府院到社會各界，同心協力，拋棄那些「不可能」、「無效率」、「騙選民」的政治議題，一起決心提升那些「可能的」、「貼身的」、「有實效的」經濟、教育、民生、醫療、文化、氣候變遷、永續發展等人民與世界潮流最關心的領域。

一旦決定構建台灣「軟實力之島」，它就能處理本書提出的——

五大課題：

- 開放：沒有開放的政策，一切空轉。
- 文明：沒有文明的擴散，一切空洞。
- 進步：沒有進步的推展，一切空談。
- 和平：沒有和平的持久，一切落空。
- 學習：沒有學習的普及，一切空白。

要切實推動，就要提出新總統「百日新政」的七個重大「心理建設」：

(1)「願景」不再模糊　(2)「誠信」不打折扣　(3)「承諾」不可落空

(4)「人才」不能折損　(5)「開放」不能猶豫　(6)「和解」不再僵持

(7)「年輕一代」不應迷惘

這也就是我在二〇〇七年《我們的V型選擇》一書中所討論的。當時兩位總統候選人馬英九、謝長廷共同推薦的。

以「開放」、「文明」、「進步」、「和平」、「學習」五力所構成的「軟實力」變成了台灣「軟實力之島」也就成世界上罕見的「和平之島」。

＊　＊　＊

在編輯這五本套書時，衷心感謝天下文化總編輯吳佩穎、副總編輯郭昕詠、設計中心總監張議文、辦公室主任林素伶的全心投入。全套書中偶會出現一些重複的小段落及句子，是我的偏愛，也請讀者容忍。

做為一生是個讀書人，家國經歷過戰亂，手無寸鐵，也無公職，還能找到一本書、一張桌、一枝筆，不間斷地學習，真是上天的恩賜。

二〇二一年《進步台灣》自序一

推動進步觀念的初心

(一)

我的一生分散在三個世界。童年在中日抗戰中的大陸，青少年在艱苦克難的台灣，成年在進步自由的美國。

以讀書的年齡區分，前十三年在大陸讀小學、初中；後十年（一九四九～一九五九）在台灣讀高中與大學；二十三歲後（一九五九～二〇〇〇年代初）在美國中西部大學讀書、教學、著述，並赴各國實地研究考察。二十一世紀後又回到台灣（也常去大陸），持續傳播進步觀念。

貫穿我一生的理念，是要盡一己心力，使我們國家不再貧窮、落後；使我們人民擁有一個進步的、文明的與和平的社會。

（二）

六十二年前的一九五九年九月，到達南達科他州立大學。眼前出現的是不到一萬名學生的校園，那是一個無法想像的優良讀書環境。那一幢又一幢的大樓，包含圖書館、各系研究室、教室、室內游泳池、籃球場、室外網球場、體育場、學生活動中心，還有一排又一排的學生宿舍高樓，像是足球場那麼大的停車場。台灣的大學生那時要買一輛腳踏車都不容易，這裡二十歲不到的年輕人居然開車來上課。住在一位慈祥熱心老太太的二層樓洋房中，所有那時在台灣嚮往的現代化設備——從電話、冰箱到電視，我都可以享用。女主人的豪宅替代了南港眷村，令人興奮得難以入眠。

人間真有這樣進步、自由與富裕的國家。

從那一刻起，更堅定了志向：美國能，大陸與台灣有一天也能。

▲1959年9月，高希均（右）赴美求學前，與父親合照於南港眷村。

無法忘懷當時看到的二個社會，以及進步與落後的懸殊，我更想要加快地學習與回報自己的家國。

畢業後在威斯康辛大學執教後的第五年（一九六九），我就不斷提倡，在當年嚴重的人才外流中，留學生應當要知識內流。自己開始利用暑假及休假的時間回到台灣。包括接受了李國鼎先生的邀請，擔任經濟顧問。

一九七七年的春天，終於抽出時間去台大授課。看到進步中的台灣，仍然出現了不少問題，正在思考要稍有系統地做些評述，很幸運地，就在那一時刻，認識了《聯合報》總編輯張作錦。

我們談台灣、大陸、美國，一見如故。在他的鼓勵導引下，我就認真地整理了在腦中醞釀許久的相關題目，寫成了幾篇文章。《聯合報》刊出後，似乎頗有共鳴。在報紙三大張時代的《聯合報》，第二版能刊出七篇系列文章，那是不可想像的幸運。

在近半年的停留中，看到政府決策及民主運作的粗糙，偶有所感，還會寫下千餘字的短評。電話中詢問作錦兄，文章內容是否值得一讀？在沒有傳真及手機

▲1972 年赴丹麥擔任訪問學者，與妻子及二個孩子（11 歲、9 歲）留影於哥本哈根。

▲2005 年與妻子劉麗安於威州家中後院。

的年代，他立刻請人取走。常常次日見報，效率之高，難以置信。那時作錦兄也常向沈君山教授邀稿，但他太忙，產量不多。有次我們三人見面時，互相體諒的共識是：學經濟的講執行力，快；學科學的講周延性，慢；學新聞的則重速度，不能等。

記得那年六月間，有一天《經濟日報》在第一版用了很大篇幅討論「高希均的觀念」，其中贊成與反對都有，使我受益不少。

八月底，回到威州的家，告訴內人這半年來回台的最大收穫，就是認識了一位充滿使命感的政府首長李國鼎先生，以及另一位充滿了創意的《聯合報》總編輯張作錦先生。

（三）

一九八〇年七月，蘇俄在主辦奧運前，對美國學術界發出一些邀請信，我與十餘位美國教授應邀四月去莫斯科大學開會。張總編輯知道我有「鐵幕行」，便

▲1982年《以色列紀行》(明德基金會出版)。

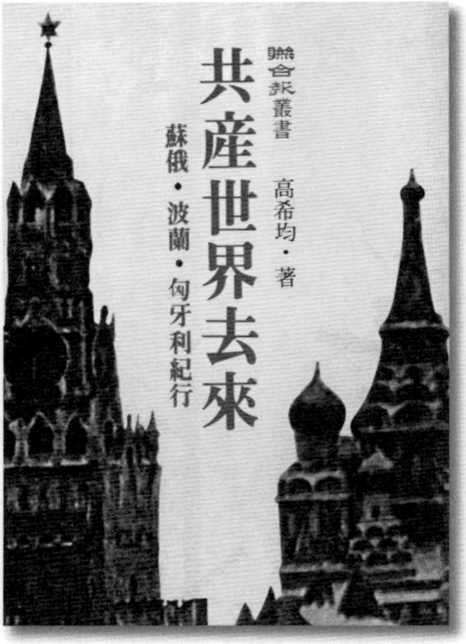

▲1980年於《聯合報》發表的系列文章，集結為《共產世界去來》(聯經出版)。

▲1986年為國立編譯館撰寫《公民與道德》國三教本第五冊「成長的經濟」。

▲1988年《傳播現代觀念》(台灣省訓團出版)。

提議我多停留些時間，擔任「特派員」，寫一系列對蘇俄及東歐經濟的觀察，費用由報社負責。我利用這個難得的機會，向學校請了假，花了一個多月時間參訪了莫斯科、列寧格勒、華沙、布達佩斯等主要城市。《聯合報》五月刊出了五篇蘇聯系列文章，六月刊出了三篇東歐文章，八月《聯合報》出版了這系列文章集結：《共產世界去來：蘇俄、波蘭、匈牙利紀行》。

回想起來，沒有張總編輯的持續約稿，以及利用機會給我磨練，我不可能在七〇年代後期抽時間寫這些中文文章，在美國執教當然仍有寫學術文章的壓力。助理幫我粗算過，從一九七五～二〇一五年，四十年間，我在《聯合報》共發表了三百篇左右，《經濟日報》一百六十餘篇，真不敢相信有這麼多。沒有這個經驗，就不可能認識一些新聞界的友人，更不會想到有一天要辦雜誌及出版社。[1]

（四）本書的構思

近年我曾以《開放台灣》（二〇一五）及《文明台灣》（二〇一九）為書名，

敘述對台灣的建言。這次取名《進步台灣》，是充滿了回歸「初心」的激動。

六十年前出國讀書，最大的動力是我所看到的中國太窮困，我所生活的台灣太落後；因此「進步」（progress）是內心最嚮往的指南針。

一個單純的想法是：只要個人能進步，社會就能進步。

另一種現實的觀察是：只有社會進步，個人才容易進步。

當時去美國讀書時的顯學就是「經濟發展」（Economic Development）。它是討論在追求進步過程中，個人與社會所應做的各種努力，以提升所得及財富：包括個人的、群體的、制度的、政策的……。

現在我的答案是：唯有提倡進步的觀念，才能有進步的政策，產生進步的社會。那麼，誰來提倡進步的觀念？其中的一個想法是要求自己：這就是讀書人的責任。

因此這本《進步台灣》的書，涵蓋五大部分：從八〇年代起創辦雜誌和出版社的回顧；自己在《天下》雜誌上發表過的文章（一九八一～一九八六）；《遠見》雜誌發表過的文章（一九八六～一九八九）；評述十一位在八〇年代及其後對台灣社會進步有貢獻的人士：最後則是在全球新冠肺炎肆虐下的幾篇文章。期盼從二〇二一年的現在，回歸初心，持續推動進步的觀念。

謹以本書獻給《遠見》三十五年來的讀者與工作同仁，同時獻給當年共同創辦的王力行女士與張作錦先生。

二〇二一年九月

第一部

啟航

八〇年代觀念啟航

一九七〇年代，在美國教書時，常設法抽時間回台北，對那時台灣的經濟發展有所建言。先後認識了幾位重要的財經首長及大企業家，以及張作錦、王力行和殷允芃三位新聞界的朋友。我們四位聚會時，總感到傳播現代觀念的迫切性。

就在那個「書生報國」的意念下，一九八一年我們共同創辦了《天下》雜誌；然後與前面二位於一九八六年又另外創辦了《遠見》雜誌，此後兄弟登山，各自努力。一九八二年成立的「經濟與生活出版公司」，後改為「天下文化」；提倡「讀一流書，建一流社會」。

自己是讀經濟的，創辦雜誌的孕育過程，是來自七〇年代中，曾數次短期返台擔任經建會顧問與台大短期講學。受到張總編輯的鼓勵，在此一時期寫了一些文章，提倡一些現代觀念；似乎受到政府及民間的一些重視。回頭來看，我們的努力，沒有白費，仍受到台灣及海外讀者的肯定。

——高希均 於二〇二一年八月

01

一九八一年《天下》雜誌創刊詞

——經濟是我們的命脈

▲《天下》雜誌創刊號

在一九八〇年代，台灣的經濟起飛，卻在國際社會上孤立，民間的生命力卻格外旺盛……這樣的社會氛圍下，我們感覺到企業家們求知若渴，一本以討論經濟為主的雜誌——《天下》雜誌誕生了。

（一）

三十年來，中華民國最令人驕傲的成就，就是透過經濟的快速成長與財富的均衡累積，人民的生活得以再改善，人民的價值得以再肯定。沒有快速成長的經濟，就不可能改善人民的生活；沒有豐富而又充實的生活，經濟成長也就喪失了它的意義。這些年來，大家一直期望有一本以這個為主題的好雜誌出現。

所謂好不僅指形式的精緻——如編排、印刷、廣告；更指充實的水準。一本能為大眾所盼望的第一流雜誌，至少在實質上要符合三個條件：

(1)它的文字要清新流暢。

(2)它的內容要與大家所關心的觀念與問題相結合。

(3)它的立場要代表社會大眾的長期利益。

（二）

由於當前還沒有一本以討論經濟為主的雜誌，我們就像一群拓荒者，嘗試來辦這本月刊。

這個雜誌的宗旨明確而堅定：我們將以公正客觀的態度，報導、討論、分析與經濟生活相關的觀念、問題與政策。

我們抱著一則以憂，一則以懼的心情來辦這本雜誌。擔憂的是這本雜誌的內容是否能滿足大家的要求；畏懼的是即使它是一本夠水準的雜誌，仍難免虧損。儘管我們有憂懼的心情，但我們將以專業的精神及職業的道德，盡一切努力，使這本雜誌——

因為它文字的可讀性，能為大家所喜愛。

因為它的內容充實，能為大家所接受。

因為它的立場獨立，能為大家所重視。

（三）

這本雜誌雖以工商界人士及知識份子為主要對象，但它又是屬於大家的一份刊物，因為經濟是我們的命脈。它討論經濟，但不是工商界的護航者，也不是某一階層的發言人。這本雜誌的內容，將證實它的客觀性與獨立性。

這本雜誌取名《天下》，來自國父的「天下為公」，表示大家對一個美好社會的渴望與追求。

凱因斯（John Maynard Keynes）曾說過：「觀念改變了歷史的軌跡。」我們冀望這本雜誌所發表的言論能扮演類似的角色——加速我們的經濟更進步，社會更和諧，生活更充實。

現在我們把這本《天下》雜誌呈獻給普天之下的中國人。

一九八一年六月《天下》雜誌創刊號

02

一九八六年《遠見》雜誌創刊詞

——為什麼要創辦《遠見》？

▲《遠見》雜誌創刊號

《遠見》雜誌的英文名字是：Global Views，創辦這本雜誌的第一個宗旨就是要傳播國際知識——包括不同的領域、主題及人物，我們必須要全力去除國際知識的貧乏。第二個宗旨就是要提倡遠見——政府首長要有遠見，工商界領袖要有遠見，每一個國民要有遠見。唯有知識與遠見的結合，才能夠避免無知與短視，才能夠審察世局，開拓國運。

這已不再是一個靜態的、封閉的農業社會。這也不再是一個依賴傳統觀念及一般常識可以生存的時代。在知識瞬息萬變、資訊風起雲湧下，個人只有自求多福；在這一個權謀運用、利害結合的國際舞台上，國家只有適者生存。

面對這樣動態的、多變的現實世界，如果我們沒有現代的國際知識，我們就無法避免因無知而帶來的錯誤；如果我們沒有遠見，我們也無法避免因短視而帶來的傷害。

自衛與發展

一九八六年的中華民國沒有站在十字路口猶豫的權利。擺在面前的只有一條前進的路：在國內，要從「知識貧窮」提升到「知識富裕」，要從爭一時的短視提升到爭千秋的遠見；在國外，要勇敢地面對兩大挑戰：其一是中共以直接及間接的方式所施加的壓力；其二是國際情勢的變化——經濟的、科技的、資訊的……對我國生存以及發展的影響。

在這一認知下，全國人民求自衛、求發展的兩個基本工具就是人民與政府要具有：⑴應對世局的國際知識，⑵開拓國運的遠見。

唯有這樣，中華民國才不會在國際社會中孤立，才不會在全世界中國人的心目中孤立。

傳播國際知識

在台灣的中國人對國際知識的興趣十分淡薄，對國際知識的瞭解，尤其貧乏。不論是語言、個人時間還是媒體報導等因素造成了這些限制，我們必須要全力去除國際知識的貧乏。

因此，創辦這本雜誌的第一個宗旨就是要傳播國際知識——包括不同的領域、主題及人物，使中國人瞭解國際社會中的世界觀。這也就是為什麼這本新雜誌的英文名字是：Global Views。

在台灣的中國人，今天也面臨了社會轉型期間價值觀念的變化與爭論，政府正經歷著社會變遷中要做的適應與調整。

價值觀念的取決與政府政策的調整都應當遵循一個原則——揚棄個人的偏見與一己的短見，代之以爭千秋的遠見。

因此，創辦這本雜誌的第二個宗旨就是要提倡遠見——政府首長要有遠見，工商界領袖要有遠見，每一個國民要有遠見。這也就是為什麼這本雜誌取名為《遠見》。

知識與遠見的結合，才能夠避免無知與短視，才能夠審察世局、開拓國運。

《遠見》雜誌的做法

這本月刊是《天下》雜誌的姐妹刊物。《天下》所持的公正與客觀的態度在過去五年中已被社會大眾所肯定。

《遠見》將秉持此一公正與客觀的態度，以國際間的重大事件、重要人物、重要趨勢為取材對象，以先進國家的理念與經驗作為參照印證。

透過這本雜誌，在台港的中國人會更清楚地瞭解到自己的實力與缺點，更瞭解到外在世界的經驗與現實，更瞭解到在世局變化中最需要的還是知識與遠見。

美好的明天

二十一世紀已被預測為太平洋世紀。

距離二十一世紀只有十四年。

如果中華民國與中國人真要扮演一個重要的角色，那麼政府與人民都需要更多的國際知識與更多的決策遠見。

在美好的明天中——

政治更加民主

社會更有紀律

法治更受尊重

文化更受重視
科技更為提升
生活更求精緻
經濟更多自由
這是中國人所要普遍追求的目標，也正是我們創辦《遠見》所要提倡的遠見。

一九八六年七月《遠見》雜誌創刊號

03

一九八二年「天下文化」起步

——撒下一顆學習的種子

▲ 天下文化 1982 年出版的第一本書：高希均的《經濟人．社會人》

一九八二年「天下文化」成立，啟動「讀一流書、做一流人」的新風潮，提升台灣社會的生命力。「天下文化」所出版的書，代表了我們這一群知識份子的理想與熱情。我們深信，每一本書都會帶給讀者多重收穫——知識的、啟發的、創意的、實用的。

一九八二年，天下文化撒下了一顆學習的種子，從此，走上了出版的不歸路，走進了迷人的知識殿堂。

從一九八二年到二〇〇二年，天下文化隨同二千多萬人民一起走過台灣社會生命力飛揚的頭十年，與台灣社會政治生態劇變的後十年。從天下文化已出版的千餘種書中來檢驗，在飛揚的年代，我們沒有失去自制與冷靜；在劇變的巨浪中，我們更保持了出版的清醒與理念。

天下文化穿越二十年的時光隧道，所堅持的就是傳播進步觀念，豐富閱讀世界。在知識經濟時代，百年老店變得愈來愈稀罕，創業二十年的天下文化卻更以開拓與自信面對未來。

這些年來，天下文化每年印行一百五十萬冊以上的書。如果一本書在一年之內與五位家人或友人分享，則每年在海內外我們就擁有七百萬以上的讀者。

在我們出版的書籍中，不論是由國人撰寫或譯自外文，必須具有這些特色：

(1)它傳播現代知識。

(2)它有創意並激發創意。

(3)它的故事感人且具啟發性。
(4)它有實用價值。
(5)它在提升人與自然的和諧共存。
(6)它在記錄國人(及華人)的傑出成就。
(7)它探索人類的心靈世界。
(8)它在提倡人間的長情與大愛。

天下文化所出版的書,代表了我們這一群知識份子的理想與熱情。我們深信,每一本書都會帶給讀者多重收穫——知識的、啟發的、創意的、實用的。

二〇〇〇年,「九十三巷人文空間」的開設,為廣大的讀者提供了一小座書城與一小方淨土,在這裡可以享受到讀一本書、喝一杯咖啡、與一些友人聚談的樂趣。

二〇〇一年成立的「天下遠見讀書俱樂部」,更是要加速啟動「讀一流書、做一流人」的新風潮,提升台灣社會的生命力。

台北東區的一條人文小巷中,有兩小幢灰色的樓房,裡面有一百多位天下文化與《遠見》雜誌年輕而又有才情的同事，憑著專業與熱情，以出版為志業，用心地在為海內外讀者每三天出一本書，每一個月出一期《遠見》雜誌。

二〇〇二年的六月，是天下文化的二十週年。經過二十年歲月的耕耘，我們仍然時時刻刻以兩句話來自勉：

理想支配我的工作選擇，

良知裁判我的工作方法。

這就是天下文化的堅持。

二〇〇二年六月《天下文化二十週年特刊》

04 二〇〇二年「小天下」的誕生

——以少兒優良讀物為「大格局」催生

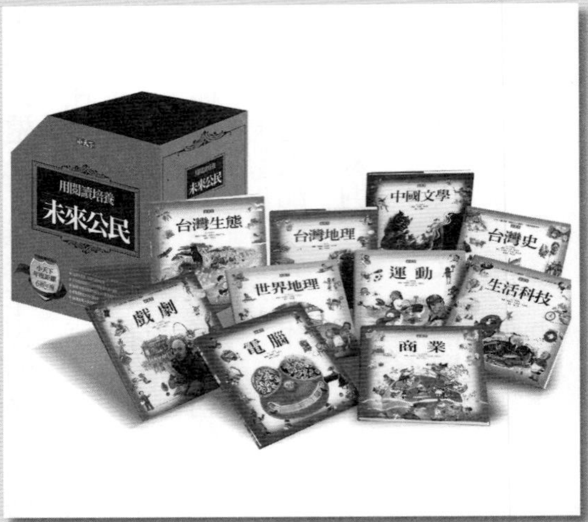

▲小天下的第一套叢書「未來公民」

當天下文化堅持「讀一流書，做一流人，建一流社會」的理念時，我們千思萬慮之後，以高度的專業精神，出版少年及兒童（少兒）的優良讀物。在策畫人許耀雲總編輯長期的努力之下，「小天下」誕生了。我們致力於誘導年幼一代，從幼小的年歲就透過優良閱讀，培養他們變成卓越的未來公民，開拓他們一望無際的視野。

灌溉下一代幼苗

經過多年的策畫，為華文世界少年及兒童製作及翻譯的「小天下」讀物，十月初終於在台北問世。我們充滿了參與的興奮以及奉獻的喜悅。

有什麼工作，會比以少兒讀物做養料來灌溉下一代的幼苗更重要？

一九八一年創辦《天下》，對象是成年讀者，在以「經濟是我們的命脈」的創刊詞中，我強調經濟與傳播進步觀念的重要。

此刻——二十一世紀初——「小天下」的誕生，是以少兒為對象，從「小」就培養他們要有胸懷天下的抱負與視野，也就是希望他們擁有寬廣的「大格局」。

「小天下」三個字中的「天下」，也擷取了中國文化中，對下一代懷有殷切期望的「天下」父母心。

卓越的「未來公民」

二〇〇二年的台灣，在全球競爭力排名中，已由五年前（一九九八）的十四名，跌落到二〇〇二年的二十四名。

此刻的台灣人民，必須要以遠見做長期規畫，一步步地來提升競爭力，一步步地來發揮生命力，努力把「台灣」提升為「大台灣」，更正確地說，提升為「大格局」；邁向「大格局」的起步，就應當從「小天下」開始。

在我構思中的「大格局」，是指如何使二千三百萬人民，超越彈丸小島的先天限制與狹隘心態，而代之以宏觀的思維與全球的布局。擁有「大」格局思維的人，不只想到自己，也想到別人；不僅「受」，也要「給」；不只要改善自己的社會，也要幫助別人的國家；不只著眼於這一代，也要顧及下一代。

「小天下」是指如何誘導年幼一代，從幼小的年歲就透過優良閱讀，培養他們變成卓越的未來公民，開拓他們一望無際的視野。

引導小讀者養成「大格局」

年幼的一代，是未來的希望。

在大陸一些落後的地區，常常出現令人讀來心疼的兩句話：「再苦不能苦孩子，再窮不能窮教育。」在小康的台灣社會，年幼的一代已經遠離了苦與窮；可惜還沒有得到完美的教與育。

當天下文化堅持「讀一流書，做一流人，建一流社會」的理念時，我們於千思萬慮之後所能奉獻的力量，就是以高度的專業精神，出版少年及兒童（少兒）的優良讀物。經過策畫人許耀雲總編輯三年來國內外的訪談與觀察，及細心的策畫與製作，我們戰戰兢兢地推出了第一套自己編製的「未來公民」叢書，及英文翻譯的「酷小說」系列（第一冊）。

「小天下」（Global Kids）的問世，使天下文化不僅豐富了出版領域，更把小讀者變成了讀者群中的新貴族。把我們出版的創意與注意力聚集在年幼的下一代——以「好書」來寵壞他（她）們，以「理想」來誘導他（她）們。我們要讓這些充滿趣味性、啟發性、知識性的優良讀物，在他們思想孕育過程中無拘無束，在他們行為與價值取捨上有規有矩。讓「小天下」的讀物，散布在每一個家庭與每一家書店，不僅要激發年幼一代的閱讀興趣，更因此要排斥不良讀物的流傳。這使得我們十分興奮——天下文化各系列的書從此可以為九歲到九十歲的讀者提供優良的讀物。

我們相信：有了「小天下」的誕生，才容易有「大格局」的出現。

二〇〇二年十月號《遠見》雜誌

▲《未來少年》和《未來兒童》分別於 2011 和 2014 年創刊。

▲2017 年 2 月，馬總統在台北國際書展翻閱小天下的暢銷書《地圖》。「小天下」社長許耀雲女士（中立戴帽者）在旁邊介紹，左一為天下文化林天來社長。

05

二〇〇六年《哈佛商業評論》全球繁體中文版問世

——呼應台灣的需求

哈佛商業評論　全球中文版
Harvard Business Review
www.hbrtaiwan.com
September 2006
誰來接班？
Indispensable
彼得・杜拉克給執行長的九把領導鑰匙
What Makes an Effective Executive
許倬雲論劉邦和朱元璋兩位開國董事長
張忠謀分析世界級領導人的四大特質
張明正描繪未來世界的領導人圖像
企業新十誡
10 Ways to Create Shareholder Value
英特爾與它的「野蠻」朋友
With Friends Like These: The Art of Managing Complementors
我的部屬是「明星球員」
How to Keep A Players Productive
超級業務員衝業績的「科學」奇蹟
The New Science of Sales Force Productivity
天下文化・遠見雜誌 榮譽出版

▲《哈佛商業評論》全球繁體中文版創刊號

二〇〇六年我們決定引進世界一流的管理雜誌——《哈佛商業評論》（*Harvard Business Review*, 簡稱 *HBR*），它的英文版創立於1922年，八十餘年來曾經孕育許多先進的管理觀念，對全球的管理實務產生深遠的影響。台灣企業要與世界接軌，必先要與世界頂尖的管理學說、管理實務與管理績效接軌。這就是我們出版《哈佛商業評論》全球繁體中文版的最大心意。

念、改進實務運作、增加實際績效。

《哈佛商業評論》英文版創立於一九二二年，由美國哈佛商學院出版公司（Harvard Business School Press，簡稱HBSP）發行。八十餘年來曾經孕育出許多先進的管理觀念，對全球的管理實務產生了深遠的影響。許多著名學者和專家常常先在《哈佛商業評論》上發表原創性的文章，等待回響，然後改寫成書，如杜拉克、波特、韓第、哈默爾、大前研一及《藍海策略》的兩位教授金偉燦、莫伯尼（Renée Maubogne）。

（三）

近年來《哈佛商業評論》的內容，特別著重於四大領域：領導、創新、策略、管理。英語世界中最負盛名的學者與專家，都會在HBR發表文章。杜拉克二〇〇五年十一月去世前，為HBR在二〇〇四年六月寫的文章〈What Makes an Effective Executive?〉（我曾在《遠見》二〇〇四年七月討論過），即獲次年

（二〇〇五）HBR麥肯錫最佳論文獎。

走進劍橋的哈佛商學院出版公司的大廳，就看到這幾個耀眼的字：Improving the practice of management and its impact in a changing world。自己四十年來不斷地傳播進步觀念，以及《遠見》與天下文化的出版，不正就是在東方的我們，在做同樣的努力嗎？

台灣企業要與世界接軌，必先要與世界頂尖的管理學說、管理實務與管理績效接軌。這就是我們出版《哈佛商業評論》全球繁體中文版的最大心意。讓我們這些熱情的工作夥伴，完成一項具有深遠影響的接軌工程。

我們會全心投入，並由王力行擔任總編輯，張玉文擔任執行總編輯，使它像《遠見》雜誌一樣，變成台灣社會前進的動力。

二〇〇六年九月《哈佛商業評論》全球繁體中文版創刊號

▲2006 年 9 月 6 日，高希均與 HBR 總裁萬秀美（David Wan）在台北人文空間正式簽約出版《哈佛商業評論》全球繁體中文版。

06 Harvard Business Review 百年輝煌
——全球繁體中文版邁入十七年

緣起：十六年前赴劍橋談合作

《哈佛商業評論》（*Harvard Business Review*，簡稱HBR）的英文版創立於一九二二年，今年剛好百週年。一世紀以來它已對全球的管理理論與實務產生了深遠的影響。

二十一世紀的台灣企業要與世界接軌，必先要與世界頂尖的管理學說、管理實務接軌。多年來希望有一天能翻譯一流《哈佛商業評論》成為中文版的心意。

機會果然出現了。那是十六年前的二〇〇六年二月，應邀赴劍橋HBR總部商討發行中文版的可能。我們一行四人（我和王力行、版權主管及一位事業群的顧問）從台北出發。二十小時後到達冰天雪地的波士頓。同行的顧問張明正是多年好友，趨勢科技董事長。他十分關心台灣的企管知識及實務亟需加強。事實上幾年前他個人已資助幾位台灣的管理學者赴哈佛商學院觀摩「個案研究」的教學與撰寫。

在一整天的會議中，先後與八位HBR的發行人、總編輯及主管集體與分組討論。尤其午餐及兩次「咖啡時間」，增加彼此熟悉。會議中，雙方表現出學術合作的期許及熱情。看到我們帶去六本《遠見》雜誌，他們十分驚喜其設計、照片及廣告等。那時他們已與近十個國家（如法國、日本、韓國）合作過國際版。

一天會議圓滿結束，告別時天色已暗，零度以下的寒風，撲面而來。王發行人忍不住問我：「聽說威斯康辛比這裡還冷，你怎麼受得了？」我笑著說：「吃得苦中苦，方為人上人。」旁邊的明正兄：「高教授說得好，等下吃飯我請客，為這次交流慶功。」

當年九月初，HBR總裁萬秀美（David Wan，第二代華裔）飛抵台北正式簽約。HBR全球繁體中文版就在二〇〇六年九月正式創刊發行，至現在二〇二二年六月已是一九〇期。

趕上世界管理水準

回想當年在劍橋的哈佛商學院出版公司大廳，看到這幾個耀眼的字：Improving the practice of management and its impact in a changing world。自己四十年來不斷地傳播進步觀念，以及《遠見》與天下文化的出版，不正就是在東方的我們，持續在做的同樣努力嗎？

這就是十六年前出版中文版的最大心意。我們的工作夥伴，參與這一項具有深遠影響的接軌工程。他們包括王發行人，張玉文、鄧嘉玲負責編務，管理學者許士軍、李吉仁、周行一、許志義等擔任編輯顧問。

創刊十六年以來的努力

創刊十六年來，我們投入許多心力，推動台灣管理理論與實務有助益的事。我們精準譯介《哈佛商業評論》英文版前瞻管理知識；尤其近幾年，數位轉型成為不可逆轉的趨勢，企業對此求知若渴，我們持續在此領域的譯介，成為企業在數位轉型的重要指引。同時，也善用這份雜誌兼具理論與實務的特性，搭建起台灣產學界的橋梁，除了邀請台灣學者專家撰文，我們也時常舉辦重要管理議題的論壇，增加產學交流。

此外，我們還舉辦各種評選，鼓舞建立管理界表現的典範。二〇一六年四月開始，每兩年舉辦一次「台灣執行長50強」評選（二〇二〇年始擴增為「台灣執行長100強」），選出長期表現卓越的領導人。「數位轉型鼎革獎」選出在數位轉型上傑出的企業。評選「最佳女性CEO」，鼓勵更多女性經理人發揮才華。

繁體中文版在本身的經營管理不斷變革求新；追隨英文版的腳步，自二〇一六年起，也轉型成以線上訂閱為主的形式。目前我們也在研發多元化的產品，推廣至不同讀者群，例如去年推出的《請聽，哈佛管理學！》Podcast音頻節目，即深受年輕朋友的喜愛。

在世界舞台上，所有的落後中，一個社會最可怕的落後就是：觀念的落伍、知識的落差，與行動的落後。

十六年來，已為企業界及讀者做出一些貢獻。此後還要跟緊百年來的HBR英文版，持續加強與世界接軌。我們也感謝近三年來擔任執行長的楊瑪利的貢獻。

二〇二二年七月《遠見》雜誌

07 傑出「領導」創造完美「影響力」

——Leadership Impact Institute緣起

高希均、王力行

「清晰」是力量

引領世界思潮的歷史學者哈拉瑞（Yuval Noah Harari），在《21世紀的21堂課》書中第一頁就寫下這句話：「在一個充滿多半無用資訊的世界上，清晰是力量（Clarity is power）。」

文後附圖檢視台灣各層面十個指標時，就很清晰地看清了台灣近十年來殘缺的現象。

當前台灣社會最缺乏的，早已不限於水電、土地、人才、資金、立法、市場、工作、創新。社會上出現的各種爭議也包括了課綱、年金、低薪、工時、司法、稅率、獨占、壟斷、房價、電費、統獨、服貿、陸資、陸生……數不清，也講不完。

清晰的「表達」，就是說清楚、講明白；清晰的「思考」，就是不模糊，不糾結、不偏執。那麼我們要進一步說：比「清晰」更重要的力量是「領導影響力」（Leadership Impact）。「正確」與「錯誤」的領導影響力，就會帶來戰爭或和平、災難或幸福。附圖中的十個指標，告訴讀者：如果領導錯誤，就會不斷出現各種政府失能、國會失職、經濟失調……。

二〇二三年春天的台灣，國際媒體充滿了台海危機一觸即發的標題，我們要大聲疾呼：追求和平的領導（leadership），才能發揮安定人心的影響力（impact）。這正是我們遠見．天下文化事業群四十年來堅持推廣的，就是倡導在各種時空，政府與民間要發揮與時俱進的「領導影響力」。在二十一世紀二十年代，要全力追求企業卓越經營、科技妥善運用、永續發展，以及和平幸福。

「領導影響力」（Leadership Impact）更重要

先追述一段往事。十七年前（二〇〇六）的二月，我們受邀赴劍橋總部，商談中文繁體字的出版。嚴冬中零度氣溫，擋不住我們對領導品牌合作的熱情。

上午九時赴約，剛走進大樓，赫然看到三個英文大字：「Ideas with Impact」。剎那間，就聯想到這不正就是我們多年來在提倡「有影響力」的「進步觀念」最好的意譯？此後「影響力」一詞就變成了我們探討公共政策「取捨」（如國防支出）、企業策略（如投入新產品）的重要指標。同年九月，HBR中文繁體字版台北問世，立刻變成了已創刊二十年的《遠見雜誌》姐妹刊物。《哈佛商業評論》是策略、創新、管理、經營領域中的全球領導品牌。去年十月剛度過充滿光輝的百年慶祝。今年三月HBR台北繁體字版剛滿二百期，在台灣及華人世界問世以來深獲好評。

台灣經濟的起飛，民間企業扮演了關鍵性的角色。多年來我們一直提倡：(1)企業非「獲利」不可；(2)獲利非「成長」不可；(3)成長非「創新」不可；(4)創新非「人才」不可；(5)人才非「領導力」不可。

一旦擁有產生影響力的領導人才，就會看到一連串的良性循環：「創新」會出現；「成長」會起飛；「獲利」會擴大；台中美三邊關係會緩和。

遠見高峰會二十年來各領域得獎者八十三位，如錢煦、孫震、許士軍、洪蘭、嚴長壽、劉金標、吳安妮、張忠謀、鄭崇華、吳敏求、張明正、施崇棠、周俊吉、童子賢、蔡明忠、潘冀、姚仁祿、馬英九、錢復、劉兆玄、陳長文、張善政、李開復、杜書伍、錢大群、黃男州等人，他們都是傑出的領導者。

那麼「領導」如何學習？從何獲得？在「領導影響力學院」成立初期，一個有效的起步，就是向傑出的企業家學習——最好能有機會透過面對面的：接觸、言談、交流、演講；以及細讀他們的著述。這就是創設學院的初衷。首先推出的系列課程，就以四位企業「典範人物」為優先（參閱「課程說明」）。接著也會安排各領域講座系列、國際大師系列等。

創設「領導影響力學院」的期望

我們要以四十年累積的採訪及出版經驗，希望透過這個「領導影響力學院」的創設，能產生四方面的成效。

⑴和平幸福：世界上最過剩的是政客及武器，最缺少的是和平使者與和平。我們期望：政治領袖要發揮影響力，獲得和平幸福。

⑵利潤和永續：世界上最缺的不是工商業者，而是「典範企業家」。我們期望：企業領袖要善用影響力，攀登兩座山：前山是利潤之山，後山是永續之山。

⑶深耕文明：透過向「典範人物」學習，能使沉悶的、功利的、小格局的台灣社會更文明，逐漸擁有視野「高度」、胸襟「廣度」、判斷「深度」、做人「厚度」，使台灣走向接近完美的文明社會。

⑷學習「典範」：受人尊敬的企業家，一定是展現了利人、利他、利天下；求人和、世和、心和。

典範企業家光明磊落，不需結黨營私；他們靠專業，他們靠市場競爭，不需靠政治勢力。他們嚮往的是：法治的透明與公平，政策的遠見與穩定。

他們做事有原則；做人有誠信；態度上不爭、不貪、不獻媚；品德上有格、有節、有分寸。擁有這些「品格」的人，就是泛稱的「君子」或「典範」。

當這些典範人士變成我們學院的客座講席時，學到的不只是言教，更是身教。

發揮「領導影響力」：李國鼎到張忠謀

二〇〇七年，兩岸還沒直航，在上海舉辦的《遠見》第五屆「全球華人企業領袖峰會」，以「邁向世界級企業——傳承與創新」為題，時任台積電董事長的張忠謀獲贈「華人企業家終身成就獎」，並發表重量級演說，震撼全場。

從台北經香港抵達上海的晚上，悄悄地請我們安排到上海外灘，他的眼光沒有聚焦在璀璨的東方明珠塔，而是望著滾滾江水，獨自散步，思念著一生期待在上海安身立命，卻未能如願，留居在美國的雙親。

台積電創辦人四十餘年來要求員工的第一守則，必須：⑴說真話，不說謊話。⑵不輕易承諾，一旦承諾要赴湯蹈火履行。⑶遵守法律。⑷不貪汙、不賄賂。⑸擔負起社會責任。⑹不靠政商關係。⑺良好公司治理。

（尚有其他八項條件，參閱《遠見》二〇二三年十一月號，第二十九頁）

檢視台灣社會的十個指標（示意圖）

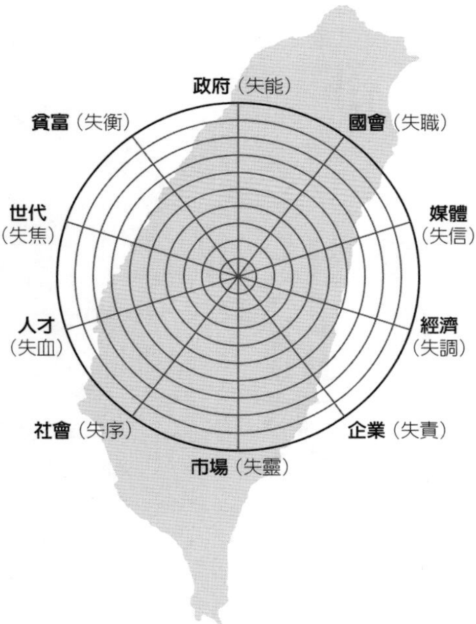

張忠謀創辦人常說：當年「沒有李國鼎，就沒有台積電」。在當前台海緊張情勢中，也有人說：「沒有張忠謀，就沒有護國神山。」兩位都是「領導影響力」的典範。《遠見》雜誌與天下文化何其幸運，都做過他們的專訪，出版過他們的專書。

二〇二三年五月號《遠見》雜誌

第二部

共擁天下

播種「改」與「變」的觀念

人生最大的淒涼莫過於退休的時候，才發現自己還沒有認真地工作過；人生最大的悲哀莫過於臨死的剎那，才發現自己還沒有有意義地活過。

避免這種不幸，我們要認真地工作，我們要有意義地活。工作不僅是為了小我的滿足，也是為大我的分享。生存不僅在爭取這一代人民的權益，也在謀求下一代子孫的幸福。

把自己短暫的生命，投入悠悠無盡的歷史巨流中，自己所深深體會到的是個人的貢獻太有限，個人的影響力太微弱。

當大家都懷有拒絕在歷史面前繳白卷的決心時，讓我們嚴肅地問：我們要把什麼留給下一代的子孫？

讓我們認真地考慮，把下面的四項當作「傳代」之寶：

1. 深厚的經濟基礎。
2. 豐富的精神遺產。
3. 優美的自然環境。
4. 進步的價值觀念。

——高希均於一九八一年十二月

08 我們的企業家在哪裡？

（一）

進入一九八〇年代，廉價而充沛的勞力已不復存在；不費腦筋就可賺錢的機會也已消失；只靠中國人的勤勞就可在國際上競爭的信念也需要重新檢討。這是一個嶄新的局面：產品的品質要升級、管理要加強、效率要提高、技術要引進、國外市場要繼續開拓、家庭企業要加快淘汰、所需資金更為龐大。

面對這種新局面，接受這種新挑戰的人，需要有遠大的眼光、魄力與膽識。

這些人是我們走向開發國家艱辛歷程中不可或缺的人才，這些人才就是大家平常所尊稱的企業家。可是，大眾媒體對工商界的報導是：聯合獨占、經濟犯罪、官商勾結、逃稅漏稅等這種事例。我們不禁要問：中國的企業家在哪裡？

(二)

對一個教書的人，最卑微的稱呼是「教書匠」，最禮遇的稱呼是「學人」。對一個工商界人士最不客氣的稱呼是「生意人」，最尊敬的稱呼是「企業家」。企業家在我的字彙中，至少要具備五個條件：

(1)要有發現投資機會的機智，否則只是在碰運氣做生意。
(2)要有擔當風險的膽識，否則只是一個守成的商人。
(3)要有組織企業的才能，否則只限於小本經營。
(4)要有說服他人投資的能力，否則就是家庭企業。
(5)要在合法的情況下營利，否則就是違法取巧。

台灣目前最需要的，就是這批企業家，沒有這種胸懷與條件的企業家，我們怎麼可能變成一個開發國家？

(三)

企業家所應具備的這些條件很少是與生俱來的。這些條件有些靠自己的磨練，有些靠環境的培育。客觀地檢討起來，台灣目前的環境並不鼓勵企業家的產生。試以影響企業家誕生的三個流行的觀念為例：

(1)**恐「巨」症**：因為擔心企業規模龐大而產生獨占，造成了企業成長的阻礙。正確的觀念應當是：如果企業規模過小，不能達到經濟規模時，那麼這種擴大應當受到政策性的鼓勵而非限制。對付獨占最有效的辦法是透過自由貿易所帶來的國際競爭。

(2)「**非法之財**」：認為企業——尤其是大企業的賺錢，大都來自不正當的方法，如漏稅、逃稅、聯合獨占等。正確的觀念是：不要以少數的例子來概括工商界。而且我們也很難相信，如果這種現象非常普遍，財經當局會這樣坐視無能嗎？對於任何違反的廠商，政府當局一定要嚴厲制裁，消除社會上的這種不公平，並且也保障其他合法營利企業的清白。

(3)「**有錢人太有錢**」：認為社會上一方面有錢人太多，另一方面窮人也不少。事實上，我國的所得分配，是全世界所得分配中懸殊最少的國家之一。我們應當努力創造更大的財富。在財富創造的過程中，有錢人會比以前更有錢，但更要認清：其他人也會比以前過較好的生活。如果為了怕有錢人有錢，給予各種限制，減少了他們的投資，使一般人減少了工作與賺錢的機會，實在是本末倒置，得不償失。

上述的恐「巨」症阻礙了企業的正常發展，「非法之財」的說法使合法賺錢的企業家受到冤枉，「有錢人太有錢」的心態，使人誤認在目前財富平均分配比創造財富更重要。

(四)

除了這些流行的觀念，使工商界最苦惱的還是來自政府部門。主要的抱怨包括了：

(1)金融機構不能提供適當融資及貸款。

(2)政府單位（如工業局）因人才缺乏不能做適時適當的裁決。

(3)決策過程中很少有工商界人士的參與或採納業者的意見。

(4)過時及不切實際的法令或規定仍未能及時修改。

(5)稅務工作人員之態度與作風良莠不齊。

(五)

上述的一些流行觀念與政府政策，固然影響了企業家的產生；但是，另一方面，多少年來，一些工商界人士的實際作風，也給一般人民留下了惡劣的印象。

例如：

⑴以不事生產的方式炒地皮，以翻雲覆雨的方式炒股票，以急功近利的方式辦工廠。為了發財，幾乎可以不擇手段。

⑵一般薪資階級老老實實付稅，有錢的工商界人士及自由職業者，以各種方式免稅、漏稅或逃稅。

⑶以豪華奢靡的生活方式炫耀財富，又以苛刻的待遇對待員工。他們自己享受「美國模式」老闆的舒適，但要員工有「日本模式」的認同感與責任心。

我最近曾公開討論過企業家對社會的責任。企業家的社會責任不是如一般人所認為的要努力去辦公益事業，而是首先應當要創造財富。他們的社會責任的優先次序，在我看來應當是：

⑴以正當合法的方式賺錢。既不靠政府的保護，也不靠自己的取巧。

⑵與員工分享利潤——有苦同當，有福更共享。

⑶捐助社會福利及慈善事業，如創設醫院、基金會。

(4)參與進步觀念的推廣，如節儉、讀書、減少公害等。

(六)

我國的企業家究竟在哪裡？我的初步觀察是：

(1)**企業的規模並不決定企業家的大小**：小企業中會產生大企業家；大企業中也仍有小商人。

(2)**企業的所有權並不決定企業家的大小**：效率較低的國營企業也有企業家；效率較高的民營企業中也常有生意人。

儘管如此，但台灣目前的情況是：較大規模的企業中有較多大企業家。他們曾經歷過創業的辛酸，也正享受著事業成功的驕傲。

我曾經問過二位成名的大企業家。當他們已經有足夠的財富時，為什麼還要這樣夜以繼日地工作？二位的答覆很類似：「接受更新更多的挑戰，已經變成了一種習慣，也變成了一種責任。」其中一位還補充說：「我們不要說：『日本能，我們為什麼不能？』應當說：『如果日本能，我們更能。』」

我相信：如果社會上大多數人民對企業家沒有過分的懷疑；政府的政策對企業的成長沒有過分的限制，那麼在這種較健康的氣候下，企業家才容易培養出來。可是在當前的情況下，我們一面要問：「我們的企業家在哪裡？」另一面也要問：「我們已經有了一個孕育企業家成長的氣候嗎？」

一九八一年七月號《天下》雜誌

09

創造財富才能照顧低所得

只有全力創造財富，個人所得提高，有較多能力付稅，政府稅收增加，才能擴大社會福利措施。

與一九五〇年代比，今天的台灣社會真是安定而富裕。因為較前富裕，有識之士就擔心富裕帶來的各種問題，如：

- 炫耀性的生活方式。
- 汽車增多後的空氣汙染。
- 消費過多帶來的副作用，如自己的肥胖或街上的垃圾。
- 日漸增加的青少年犯罪。

・日趨淡薄的人情關係。
・財富的懸殊。

在這些問題中，最易引起誤解的是財富懸殊問題。台灣的財富分配本來就不懸殊，自一九六八年後仍在逐漸進步中。這正是政府三十來最值得驕傲的地方，教育與工作機會普及，是財富沒有懸殊的二個主要因素。

觀念比軍隊更強

財富的不集中減少了社會上的不平之氣，但它不能掩蓋一個經濟上的大弱點：我國的國民所得與十八個工業化國家（瑞典、瑞士、英國、義大利……）相比，仍然太低。從經濟觀點來批評共產國家，儘管它們的財富也不集中；但是它們沒有經濟自由，沒有私人生產工具，除了特權階級以外，普遍貧窮，人人都是低所得。

法國詩人雨果（Victor Hugo）曾經寫過：「只有一種東西比全世界的軍隊更強，那就是應時勢需要而產生的觀念。」台灣當前最需要建立的一個正確觀念就是：如何創造更多的財富。有了更多的財富，我們才會變成工業化國家。

要創造財富，首先要排除阻礙財富累積的「迷思」（myth）。在個人心態方面：

- 家庭合夥要逐漸升級為現代公司。
- 財富不要放在黃金、外幣、土地等這些不是直接生產的工具上。
- 節制消費後儲蓄才會增加，然後才有更多的投資。
- 發揮自己的才智來增加自己的財富是天經地義的，也是利己利人的。

就政府的政策而言，全力開拓一個創造財富的有利環境。其中至少應當包括：

- 保護公平競爭，減少壟斷。
- 使用財稅金融政策獎勵投資。
- 開放部分國營事業。
- 不要患恐「巨」症；不要怕「圖利」他人；不要怕「官商勾結」。

在《天下》雜誌的訪問中，中央銀行俞總裁坦率地指出：「我們應當先『富』而後『均』，我們並沒有把『均』看得比『富』更重要。社會上盡量發展民營企業，然後用稅賦的辦法，歸之於國家，用之於社會。」

就工商界本身而言：

- 不要著眼於短期的利潤，應有長期眼光。
- 重視研究與發展，奠定基礎，爭一時、更爭千秋。
- 提高生產力，才是成功的根本。
- 與員工分享利潤，注重他們的福利，增加他們的認同感。

放眼世界，工業化的富裕國家，有二個共同特徵：一、自由市場支配經濟活動；二、以大量社會福利支出來照顧低所得及一般人民。

我們可以再指出：

(1)除了日本稍低以外，富裕國家一九七四年福利支出占國民生產毛額在九·六%到一八·一%之間。

(2)我國在同年只有二．〇五%。如剔除警政支出，則只有一．八%。

這一比較，更清晰地告訴我們三項基本事實：

(1)儘管中華民國是民生主義的國家，其他國家或標榜資本主義或社會主義，但是它們對人民的社會福利照顧遠超過我們。

(2)那些國家之所以能照顧到人民，我國之所以不能，主要在於我們的政府比它們窮。這又是由於我們的財稅比率比它們低。財稅比率比它們低的主要原因，就是因為我們人民的所得比它們低。

(3)要扭轉這個「惡性循環」，我們就必須推動創造更多財富的運動。這個運動可產生下面的良好效果：❶全力創造財富↓❷個人所得提高↓❸有較多能力繳稅↓❹政府稅收增加↓❺擴大社會福利措施。

只有經過這種方式的努力，我們才能突破中度開發國家的現狀。也只有當大家更富裕之後，低所得者才會得到真正的照顧。

一九八一年九月號《天下》雜誌

10 我們要把什麼留給下一代

（一）

人生最大的淒涼莫過於退休的時候，才發現自己還沒有認真地工作過；人生最大的悲哀莫過於臨死的剎那，才發現自己還沒有有意義地活過。

避免這種不幸，我們要認真地工作，我們要有意義地活。工作不僅是為了小我的滿足，也是為大我的分享。生存不僅在爭取這一代人民的權益，也在謀求下一代子孫的幸福。

把自己短暫的生命，投入悠悠無盡的歷史巨流中，自己所深深體會到的是個人的貢獻太有限，個人的影響力太微弱。

當大家都懷有拒絕在歷史面前繳白卷的決心時，讓我們嚴肅地問：我們要把什麼留給下一代的子孫？

(二)

讓我們認真地考慮，把下面四項當作「傳代」之寶：

(1) **深厚的經濟基礎：**我們要下一代持續不斷地勤奮工作，但不要他們在貧窮中掙扎。我們不要以貧窮來苦其心志，而要以民族的驕傲，來激勵他們。在國際上，一個貧窮的國家是不受人尊敬的；一個經濟成長遲滯的國家，也常變成別人譏笑的例子。

在十年之內，我們要盡一切努力把經濟基礎變得深厚堅固。把建築在勞力密集、附加值低、加工為主和技術抄襲的經濟型態轉化為一個現代化的工業國家。這個努力的第一步，就是要做到筆者所常指出的：政府要節流，工商界要節約，人民要節儉。

正如祖先告誡我們的：留給下一代的是捕魚的網，不是一大群已經抓到的魚。

⑵**豐富的精神遺產：**我們要下一代不斷的追求經濟成長，但不要他們只享有高度的生活水準。三十年來的安定與進步，使社會上出現了前所未有的傑出人才。他們在創作、繪畫、音樂、舞蹈、體育、電影等方面表現得多姿多采。

我們要盡一切努力鼓勵及珍惜人才，把中國人的精神生活提升，精神遺產擴大。讓這些文化專業人員受到較前為多的尊敬與禮遇，但不是把注意力只集中在少數的「明星」身上。

下一代的子孫將發現：「文化沙漠」只是一個曇花一現的名詞，「生活素質」是遺留下來的目標。

⑶**優美的自然環境：**人只活一次，同樣地，地球也只有一個。自然的環境——如景觀，一旦破壞，就很難再還原。我們不可為了一時的享受，忽略

了長期的惡果。目前的水災至少已經表示出我們在這方面的忽視。如果盲目追求工業化的結果，帶來的是汙濁的空氣、阻塞的河川、濫伐的山坡，我們將無法推卸短視的責任。此外，如果綠野與野生動物愈來愈少，黑煙與單調建築愈來愈多，我們將是歷史的罪人——因為我們只留給了下一代一個表面進步、實質落後的社會。

(4) **進步的價值觀念：**在擷取中國文化與傳統的精華之後，我們應當要承先啟後及鍥而不捨地推行幾個觀念：

- 對人要講究平等的人際關係，不受人情干擾。
- 對事要遵守法治的精神，不受特權的影響。
- 每人要有是非心、正義感、善盡社會責任。
- 每人要有愛國心、責任感、深信自求多福。
- 每人要深信一個美好的社會是民主、公平與自由的。

（三）

經過這一代人這樣細心的安排，我們的下一代既無物質上的匱乏，也無精神上的貧乏。同時，他們將比幾千年來的中國人幸福，因為他們將生活在一個進步、和諧與民主的社會中。

也由於自身的認真工作，我們將不會有退休時的淒涼，也不會有臨死時的悲哀。

國家多難，不允許大家享有淒涼的權利，也無法提供悲哀的奢侈。

正如美國雷根（Ronald Reagan）總統要各部會再繼續削減預算時所說的話：「如果我們不這樣做，誰來做？如果我們現在不做，什麼時候才做？」

一九八一年十二月號《天下》雜誌

11 人力投資與人才利用

台灣最豐富的資源就是——人，如何將「豐富的資源」變成「珍貴的資源」，並不是一件容易的事。

（一）

一九七九年諾貝爾經濟學獎得主之一的蕭而治教授（T. W. Schultz）即是首先指出、證實、強調「人力投資」（human investment）重要的一位美國學者。在戰後不到四十年的經濟發展思潮之中，「人力投資」代表著一個新觀念的突破，以及一個新方向的確定。

把「人」或「人力」當成資源，絕不意味著對人的自尊與價值的貶低。唯其認清了「人力」是一種資源，它在強調：

(1)**人力不能閒置，也不能浪費**。因此一國就要盡力設法創造更多的就業機會，予以充分利用。

(2)**人力要精益求精**。因此一國就要盡力設法提高勞動生產力，這有助於個人所得及一國經濟成長之提高。

(3)**人力之效率不是隨數量，**而是隨素質而定。因此，一國就要盡力推動提高人力素質的各種方法——如職業訓練、家庭計畫以及偏遠地區保健推廣等。

綜合地說，「人力資源」意指，一定時空內，一國國民所具有的「知識、技藝與性向」。「人力投資」就是指為提高人力資源素質及效率所做的一切支出——包括正規的教育，長短期的技藝訓練、自我進修、研究與發展，以及政府與民間對改進健康與營養等的各種費用。

（二）

一九八〇年台灣地區總人口數為一千七百八十萬。年齡在十五歲及以上者接近一千一百四十萬，占總人口六三·九%。其中具有工作能力及意願者約為六百六十三萬人。這就是一國在某一時期之勞動力（亦即勞動力參與率）約為五九%。在這六百六十三萬人中，失業者尚不到八萬二千人。

換言之，這六百六十三萬的勞動力，如果透過妥善的人力訓練及利用，就可以名副其實地把台灣最豐富的資源變成最珍貴的資源。然而，這種「量」到「質」的轉變談何容易！

這些充沛人力最大的貢獻，就是三十年來由於「勞力密集」經濟發展策略的成功，帶動了台灣經濟的快速成長。但是如果仔細觀察當前台灣地區的人力訓練運用，我們發現近幾年來令人擔憂的問題依然存在，甚至因為經濟與社會結構的變動，這些問題的嚴重性愈來愈增加。從總體方面來說，它包括了：

- 社會總需要與總供給的間歇性失調。

- 各級教育經費仍然短絀，尤以國小及國中為然。
- 職業訓練常常虛有其名。
- 教育素質的提供有顯著的地區差異。
- 高級人力也有顯著的地區差異。大都集中在都市，不肯下鄉。
- 社會上依然流行著「多讀書」、「少動手」、「坐辦公桌」的傳統觀念。

個體方面來說，它包括了：

- 「學非所宜」：不該讀書的依舊留在學校。
- 「學非所願」：在校時，所學與興趣不符。
- 「學非所用」：畢業後，所讀科系與所擔任工作缺少關聯。
- 「大才小用」：所具有之學識或訓練超過目前工作所需。
- 「學成無用」：在畢業後面臨失業。

好在這些問題由於經建會人力小組、青輔會以及教育部計畫小組之策畫及呼籲，已經引起政府決策階層更多的重視。

（三）

在人力利用方面，台灣今天面臨一個迫切的問題是：「人才哪裡找？」造成人才嚴重缺乏的三個基本原因是：

(1)對某些專業人才（如電腦方面）的需要，遠超過教育部門能夠供給。

(2)對需求人才的機構，很少肯自己有計畫地投資訓練，而是多藉高薪挖角的方式來獲取。

(3)有才華的人經過一段時期的「在職訓練」後，自己創業，加深了人才羅致的困難，或者接受別處高薪調換職位。

在我們這個動態進步的社會中，法令上對人才流動的限制（如對出國留學與合約上的限制（如聘期）都不是根本的辦法，長期而有效的辦法應當包括：

(1)政府機構，尤其是國營事業，應學中鋼一樣，大量培植自己所需人才。日後當這些人才轉向民營機構時，也是為國儲才。

(2)政府應以減稅等方式獎勵民間企業之員工訓練，及從事研究與發展。

(3)從學校教育制度開始，就灌輸敬業精神。

(4)從教育制度開始，注意一國經建所需之人才。

物色人才最好的辦法大概還是給他（她）們：

- 獎勵：分享財富。
- 授權：分享決策。
- 名位：分享榮譽。

如果要留住人才，那麼自己就要時時提醒自己：人才不僅走向有高薪之處，人才更走向有人才之處。

一九八二年二月號《天下》雜誌

12 決策錯誤比貪汙更可怕

如果政府部門沒有有效地利用政府與民間的資源，所產生的經濟後果遠比貪汙更可怕。

（一）

貪汙，不論它是發生在政府或民營的機構，不論它數額的多寡，不論它方式的不同，都是令人痛心的。因為它一面破壞法紀，助長權勢；另一方面又腐蝕民心，造成特權。

台灣三十年來進步的原因之一，也就是人民對政府高階層人員的尊敬與信賴：尊敬他們的品格，信賴他們的操守。

儘管貪汙受到人人指責，但在某些時空情況下，也可能會有比貪汙更可怕的事例。社會上每一個人，可站在自己的價值系統及知識領域中，參與討論貪汙是否最可怕？有沒有比貪汙更可怕的事例？然後一起來減少這種不幸的現象。

（二）

筆者則認為：在台灣目前情況下，如果政府部門沒有把其擁有的資源有效地利用，其所產生的經濟後果，遠比零碎的、低階層的、偶發的貪汙更可怕。

任何國家所擁有的資源都是有限的，我國更是如此。這些可用的資源有些是有形的——如可支配的經費（中央及地方）及可調度的人力（各級公務員）；有些則是無形的——如合乎潮流的典章制度及受人尊重的國家形象。當這些資源的使用效率未被充分發揮時，損及的不僅是短期的人民的利益，也是長期的國家的利益。

讓我們假想一些資源誤用的例子：

(1)興建一個並不急需的工程。

(2)延誤一個重大投資的決定。

(3)政府對某一事業的投資，或者過多，或者不足。

(4)政府某一部門的預算偏高；另一部門預算偏低。

(5)津貼一個不需要津貼的行業。

(6)保護一個不需要再保護的工業。

此外，不切實際的法令、緩慢的行政效率、有關部門的缺少配合，都減少了政府與民間資源的有效利用。

上述假想的六個可能性，說明了政府部門對資源之誤用可能來自決策時對：

(1)時間判斷的錯誤（1、2兩例）。

(2)數額判斷的錯誤（3、4兩例）。

(3)對象判斷的錯誤（5、6兩例）。

更具體地說，政府部門對有限資源之誤用，基本上是來自於對優先次序

(priority)的判斷錯誤。

(三)

為什麼資源誤用或浪費往往可能比貪汙更可怕呢?試從貪汙過程來看:

第一:貪汙者或串謀者本身提心吊膽。

第二:貪汙在大多數情況下,牽涉的數目很少超過百萬或千萬台幣。

第三:貪汙一經發現就可依法追查辦理。

第四:社會上對於貪汙無不唾棄譴責。

把資源誤用與貪汙相比,值得我們深思的有三個大問題:

第一:政府多多少少有套辦法在防止貪汙及懲罰貪汙。但我們是否已有一套辦法可使各級政府有效地利用國家資源?

第二:當一個貪汙的基層人員收了小紅包,可能判刑數年;但一個清廉的高階層人員做錯了一個大決定,浪費了國家幾千萬或幾億的經費時,我們該怎樣處理？（相反地，當一位政府首長做了正確的決定，為國家節省了可觀的支出，是否應當要有其他獎勵呢？）

第三：當一個公務員既不貪汙，也不肯做事，但事實上是天天在腐蝕國家的無形資源——政府的形象，我們又有什麼辦法來淘汰來改善？另有些人忙著開不必開的會，寫沒人看的工作報告，這種浪費又該如何避免？

當資源誤用變成貪汙的動機時，那就變成了最可怕的勾結。

（四）

當我們逐漸地步入現代工業化社會時，應當首先把貪汙——落後國家的通病——掃除，然後集中全力追求開發國家的特徵——資源的有效利用。綜上所述，筆者樂意提出四點結論：

第一：不貪汙只是一個參政者的極起碼條件。清廉不保證會做正確的政策決定，貪汙當然加大了政策錯誤的可能性。

第二：這些優先次序判斷錯誤的根源，在我國現況下，絕少是因為決策者的私心，絕大多數是由於決策過程中內部參謀作業的不周全，以及外界利益團體的壓力。

第三：政府當局應深切瞭解：自身最好的用意無法保證會產生最好的效果；當然也就不可能保證資源會被充分地有效利用。因此，重視現代化的決策過程是當前迫切需要的。

第四：要避免國家資源的誤用，只有透過一個現代化的決策過程：

- 以專業知識，來減少參謀作業的不周全。
- 以輿論及民意，來減少利益團體的壓力。
- 以嚴格的獎懲辦法，來減少犯法的貪汙以及不犯法的資源誤用。

同時，擔任公職的人，似乎可以記住：

不要因為自己一時的疏忽，損傷了國家的形象；也不要由於自己深厚的好意，反而帶來了資源的浪費。

一九八二年三月號《天下》雜誌

13「經濟人」與「社會人」

我們需要「經濟人」的效率，它使我們活得富裕；「社會人」的公平，它使我們活得有意義。

一個國家要追求經濟效率，也要追求社會公平；要追求財富累積，也要追求全民福利；要追求更高的生活水準，也要追求更高的生活素質。這就是說：我們的社會需要有受人歡迎的「經濟人」，也需要受人尊敬的「社會人」。

假想的稻草人

「經濟人」（economic man）與「社會人」（social man）[1] 是為了方便討論所假想出來的稻草人。我們並不知道他的形貌，但可以勾畫出他的價值判斷及優先次序。

「經濟人」追求的是效率、財富與生活水準。

「社會人」追求的是公平、福利與生活素質。

當一國經濟仍在貧窮中掙扎時，「經濟人」應當扮演一個重要的角色，因為他的優先次序是如何使大家生活得更富裕。

當一國經濟逐漸擺脫落後，走向工業化國家時，「社會人」應當嶄露頭角，因為他的優先次序是如何使大家生活得更有意義！

[1] 我第一次看到這二個名詞是在一九七〇年的《紐約時報》（*The New York Times*）上，係由美國費城聯邦準備銀行主席伊斯特本（David P. Eastburn）所寫。

在不同的文化背景、不同的經濟發展階段，以及不同的經濟制度下，「經濟人」與「社會人」之間就有不同的輕重關係：

(1)「經濟人」為主角，「社會人」為配角，如美國。

(2)「社會人」為主角，「經濟人」為配角，如北歐。

以這二者當前的實際狀況來說：

美國有令人羨慕的高所得，但它的所得分配在有資料的二十八個國家中為第十六名（我國的所得分配最平均，名列第一）。當美國應當「富中求均」時，民選的雷根還希望「經濟人」更活躍些呢！

北歐三國既有幾乎是全世界最高的每人所得，也有非常平均的所得分配，但是當前北歐的人民已經發現「社會人」過分活躍帶來的財政負荷，希望再升高「均中求富」的層次。

另外，標榜社會主義的蘇俄，在其僵硬的教條下所訓練出來的「共產黨人」(Communist Man) 既缺乏工作意願，又仍然過著貧苦的生活。因此，幾位著名的美國經濟學家常以蘇俄及中共為例指出：「當一個國家在追求『完全公平』

時，也同時接近了『完全無效率』。」

「經濟人」與「社會人」的比較

我們將以十項有關經濟與生活的觀念，來比較「經濟人」與「社會人」。這一比較著重兩者觀點的不同，並不意含某一種價值觀念一定優於另一種價值觀念（如後表格），也並不意含每一種比較都可以那麼地一清二楚。

這一概括性的比較指出兩點：

(1)就一個國家而言，在不同的經濟策略下，有時「經濟人」應當受到重視；另一時空，「社會人」應當受到重視。

(2)就個人而言，他一面可能是「經濟人」，另一面也可能是「社會人」，為了比較的方便，似乎是對立。但實際上，每一個人時時會兼有二者的價值判斷。

美國的例子

如以美國社會為例，「經濟人」的雛形來自於一七七六年亞當．斯密（Adam Smith）的《國富論》（*The Wealth of Nations*）。在古典學派的思想體系中，正如傅利曼（Milton Friedman）教授所描述的：政府的管制要減少到最低，人民的誘因要發揮到最高；市場上充滿了競爭，當然沒有聯合壟斷；消費者有足夠的情報，當然可以做明智的選擇；賺錢的廠商不斷地擴展，虧本的事業應任其倒閉，政府預算不應有赤字，貨幣供給受到穩定的控制；資金、貨物與勞務可以在國內外自由流通；在公開競爭下，效率比公平更重要；人為了滿足自己私心，結果反而也利人，人如果一心為了利他，反而可能兩邊落空。

一九三〇年代的經濟大恐慌，以及針對這些經濟問題的政策，帶來了羅斯福總統所採的「新政」。這些一連串的政府干預，不僅挽回了美國的資本主義，也加快了「社會人」之受到重視。

「社會人」關切或防範社會上的各種不幸或隱憂：勞工的失業，工人組織工

經濟人與社會人的簡略比較

	經濟人	社會人
生產	重量，追求「更多」	重質，追問「更多是否就是更好？」
價格與價值	價格決定經濟活動；成本反映在價格	價值支配經濟活動：津貼與補助有其必要
財貨與勞務	全力追求	適可而止
財富	自我滿足	大眾分享
政府干預	盡量減少	有擴大的必要
物價與失業	物價上升是第一號公敵	失業是第一號公敵
成就	自我中心	扶植弱小
工作與紀律	追求財富與聲望	自我實現並重視休閒與工作的平衡
社會責任	工作—賺錢—納稅	取於社會，用於社會
群己關係	自私、競爭為主，忽視社會成本	分享、合作為主，注重社會成本
主要目標	效率 財富累積 提高個人所得	公平 社會福利 提高生活素質

會的權利，以及工會的力量、存款者的合法保障、農產品的價格、退休後的經濟安全、企業的壟斷與獨占、環境的汙染……。因此，在以「經濟人」為主的美國社會中，「社會人」在一九三〇年以後的四十年中，變成了一股前所未有的壯大力量。由於「社會人」的興起，美國的政治權力與經濟型態發生了劇烈的變化：

在政治上，大部分「社會人」支持民主黨，其組成份子中以勞工階層、黑人及知識份子為主。「社會人」贊成政府用各種方法來保護勞工及消費者，增加社會安全與全民福利。

在經濟上，美國傳統的資本主義變成了「混合型」經濟——除了私人企業部門以外，政府對經濟活動的干預幾乎與日俱增。

粗略地說，要求政府減少干預的人，大多數是共和黨員、企業家或中上階級，具有「經濟人」的價值觀念。贊成政府加強干預的人，大多數是民主黨員、一般勞工階層或知識份子，常具有「社會人」的價值觀念。民主社會之可貴就在於某一時空環境下，人民可以選擇受「經濟人」支配的共和黨或受「社會人」控制的民主黨。一九三〇年代，美國人選擇了「社會人」，羅斯福用增加政府干預

▲1986 年，至諾貝爾獎得主傅利曼家中晤談，並與其自畫像合影。

來解決經濟大恐慌。一九八〇年選擇了「經濟人」，雷根用減少政府干預來解決經濟問題。

「經濟人」與「社會人」結合下的政策

「經濟人」與「社會人」的觀念有時在短期可能相互競爭：如前者重效率，後者重公平。有時在長期又可能相輔相成：如前者重財富累積，後者重社會福利。事實上，由於雙方的相互影響，當前十八個工業化國家的經濟政策正巧反映出這二者的結合。我們可以十點來歸納：

(1)以價格為支配資源的主要工具。
(2)以所得決定個人的物質生活。
(3)以私有財產反映個人的經濟價值。
(4)以競爭——國內及國際間的——保障資源之有效利用。
(5)以盈虧決定企業成敗。

(6)以財稅政策來調節財富的分配。

(7)以社會福利措施來協助低所得者及窮人。

(8)以立法及民意來防範獨占與壟斷。

(9)以工會的力量來保障勞工的權益。

(10)以教育及工作機會之平等來增加社會公平。

前五項是「經濟人」的基本信條;後五項是「社會人」的基本信條。在民意、輿論及法治的規範下,相互對立的觀念變成了國家的政策,放射出民主政治「異中求同」的光采!

我國面臨的挑戰

我們的社會中,決策的中庸之道,一直影響著我們的想法與做法。因此,在社會上既沒有無所不在的「經濟人」,也沒有左右一切的「社會人」。當一個「經濟人」的觀念提出時,如減少政府干預,一定會有「社會人」表示異議;同樣地當一個「社會人」提出要增多社會福利時，一定也會有「經濟人」來提出警告。這種相互間的制衡與爭辯，毋寧是一個社會的健康現象。它可以減少社會太趨向「功利」(如果「經濟人」得勢)，或者社會太趨向「公平」(如果「社會人」得勢)。如以「經濟人」代表效率，「社會人」代表「公平」，那麼我們可以簡述四種可能的情況：

(1)**效率與公平同時下降**：如保護低效率的工業、浪費國家的資源、允許特權存在，或未能防止貪汙。

(2)**效率增加、公平下降**：可能的例子，如減稅獎勵措施、低利外銷貸款，破格任用青年才俊，政府只增加其他部門經費，但沒有增加社會福利。

(3)**效率下降、公平增加**：可能的例子，如增加營利所得稅、減少其他投資獎勵措施、增加某些津貼與補助，不顧自身財力大幅度增加福利支出。

(4)**效率與公平同時增加**：如逃稅與貪汙的減少、特權的消失、職業訓練的推廣、真正人才的被延用、教育機會的均等、行政效率的提高、落伍法令的修正，各種保護政策的逐步取消。

上述第一種情況最惡劣，應全力避免。第二與第三的兩種情況是相互消長（trade-off）的關係，反映出政府與人民對優先次序的選擇。第四種情況最理想。我國當前經濟學家與其他社會科學的學者所面臨的一個大挑戰，應當是如何想盡一切的辦法，來同時增加經濟效率與社會公平。

結語

在一個貧窮的國家，「經濟人」應當權充主角；在一個富裕的國家，「社會人」應漸占優勢。我國是一個中度開發的國家，又秉承民生主義的思想，「經濟人」與「社會人」應當同時受到尊重。但是基於我國的每人所得與富裕國家相比只有六分之一到四分之一，而我國的所得分配卻是世界上最不懸殊的這一事實，我個人認為當前國家施政的優先次序應當是：

(1)經濟效率應略先於社會公平。

(2)經濟成長應略重於經濟安定。

(3)創造財富應略先於財富分配。
(4)社會上的部分資源應逐漸增多，用於改善生活素質。
(5)企業家的部分利潤應用於善盡社會責任。
(6)政府應謹慎的、逐步地按比例地推廣社會福利。

上述六項既有「經濟人」的觀念，也有「社會人」的主張。

如果「社會人」的思想中，注入對追求財富與經濟效率的重視；如果「經濟人」的血液中汲取對公平與社會分享的嚮往，那麼融合了這些價值觀念的人，正是今天我們社會上最需要的中國人。

一九八二年四月號《天下》雜誌

14 「按道理做」

——財經決策的基本原則

不久前，一位政府首長告訴我們：政府在決策過程中常常要權衡經濟與非經濟因素短期與長期地影響國內外的情勢，然後他做了一個結語：「先總統蔣公處理複雜問題時，最常指示的一個原則就是：『按道理做！』」

「按道理做」正是我們今天社會上最需要推廣及實踐的一個原則。

為什麼我們要這樣說呢？因為社會上不按道理、不論是非、只講利害、只講關係的例子仍是那麼普遍。例如：

一些民意代表為了贏得選票，可以不斷地空拋競選諾言。

一些工商界人士為了發財，總去不掉「撈一筆」的心理。

一些政府官員為了應付議員，可以做原則「讓步」。

一些輿論領袖為了製造自己聲譽，也會標新立異。

這些「不按牌理出牌」的例子，幾乎由「例外」變成了「常規」。因此從整個社會來觀察，汪彝定先生認定：「社會紀律重於一切。」從社會演變來觀察，王作榮先生認定：「政府決策人士、知識份子及教育界領袖都有責任採取對策，其中重要措施之一即是建立法治精神。」

「按道理做」的基本道理

讓我們進一步以財經的例子來陳述「按道理做」的基本道理：

一、**優先次序**——就經濟目標而言，我們既要追求物價穩定，又要追求經濟成長。但是，如在短期內不能兼得的時候，就要明確而果斷地選擇優先次序，不可模稜兩可地陷入目標衝突的窘境中。在當前的情況下，我們同意經濟部趙部長的三點看法：「一切為經濟！一切為工業！一切為外銷！」

二、**掌握原則**——以所得稅為例，既以「所得」為納稅標準，那麼財政部就要盡一切力量，使所得高的人如老闆們、醫生及律師老老實實地納稅。今天薪資階層對所得稅之抱怨，不全是對他們自己納稅的不滿，而是氣憤比他們所得高的人不合法地逃稅與漏稅。因此財稅改革的核心不是在枝節上求調整，而是要抓住基本原則來增加稅源。

三、**政治勇氣**——就目前政府的任何一個財經決策來講，正如政務委員李國鼎先生所說：總會遭到一半的贊成、一半的反對。當決策者以人民的整體利益及國家的長期利益為兩大原則時，就應有政治勇氣，切實地執行此一決策，如賦稅改革，如整頓國營事業。只有在這種政治勇氣下，一些盤根錯節以及浪費國家資源的問題，才會被嚴肅地提出來討論與糾正，例如某些公共投資之低效率，某些金融單位之保守作風。更進一步地說，在政治勇氣下，決策者才容易抵制特權、人情以及任何形式的壓力。在民主的社會中，對抗一些不公正的輿論，一些有私心的民意代表，就更要有政治勇氣。

四、長期效益——就一般人民及輿論而言，他們通常都需要急救，既沒有耐心等待，更沒有信心等待。可惜一般救急的財經措施，如凍結工資與物價，如禁止輸入與輸出，如特定的補助及津貼，雖可減少一時的厄運，增加一些喘息的機會，但其效益通常是短暫的、表面的，只是加深了日後調整的痛苦。長期來看，這些短期措施幾乎一定帶來資源的誤用、效率的降低以及財政的負荷。民主社會中，由於「壓力團體」的影響，決策者就不得以短期的政治利益來犧牲長期的經濟利益。這幾乎變成了無法避免的「民主代價」。我們要全力減低這種代價。

五、個人得失——「按道理做」是要按照道理，靠人去做。就個人而言，財經決策者最好要具有「才、德、能、拚」的四個條件。「德」即是要不計個人得失、進退、利害。具有這種胸懷，才能夠客觀地做到上面的四個道理：公正地選擇優先次序、穩固地掌握原則、堅強地發揮政治勇氣以及勇敢地注重長期效益。這就是財經決策過程中的「按道理做」！

恰切的注釋

「按道理做」的「道理」是一座天秤，一邊是人民的全體利益，另一邊是國家的長期利益。

「按道理做」的「道理」也是一帖護身符，它破除內在的私心與私欲，它抵抗外在的不合理的壓力與勢力。

「按道理做」的「道理」更是一個方向盤，在迷失混沌或權衡利害中，帶我們走上正確的航程！

讓我們的財經首長都擁有這三寶：天秤、護身符與方向盤。一切的決定「按道理做」。

沈君山教授在《天下》創刊號的〈論專家學者〉一文中曾寫過：「為而不有、鍥而不捨；理直氣和、義正辭平」。這十六個字也正是為「按道理做」做了一個恰切的注釋。

一九八二年七月號《天下》雜誌

15 扭轉財經政策的「無力感」

當前，台灣經濟正陷於三十年來最強烈的一次經濟風暴中。悲觀的人說：「台灣經濟將在十字路口迷失。」深思熟慮的人說：「台灣經濟正面臨一個歷史的轉捩點。」充滿信心的人說：「台灣經濟正在經歷脫胎換骨中的陣痛。」

只有一條航線

我們一向認為：經濟成長是我們的命脈——沒有快速的經濟成長，對內就沒有安定的社會，對外也就喪失了實質的外交。因此，在經濟風浪之中，我們只有一條往前衝的航線：把握住經濟成長的大方向鼓浪前進。航行途中的風浪與顛簸，正是必須付出的代價。

當前風雨之中最迫切的任務是：財經首長能夠撥開雲霧，端正方向，融合各方面的智慧，把大家的意見變成政府的政策，再把訂定的政策切實地立刻執行。唯有這樣，在暴風雨中奮鬥的工商業者才會對台灣經濟重燃信心，再起希望。

普遍的「無力感」

我們的財經首長都看清了當前經濟衰退的嚴重性，也都瞭解到經濟結構轉變之迫切。但是令人困惑的是：在對策上學者們縱有不同的意見，為什麼政府部門本身遲遲拿不出有效的對策？當對策提出時，不是時間太慢，就是辦法太弱。即使經濟病症沒有仙丹，但是為什麼不早拿出一套長期治本與短期治標的辦法來？一言蔽之，當前的情況是：討論多，決定少；決定少，執行更少。

讓我們做一個公平的補充：政府部門要做的很多措施，都因為政府處境的困難及各方面的考慮，不得不「從長計議」或「暫緩執行」。

在我們這個開放社會中，幾位民意代表的質詢，幾篇評論的反對或有關部會的冷淡反應，甚至有影響力人士的一封信，就可以延擱一個重要政策的決定。所有這些人的動機都是愛國的，但產生的結果卻並不一定。這也就是為什麼今天關心經濟問題的人都覺得：一個進步的經濟觀念為什麼不能變成一個政策？為什麼一個進步的財經政策居然不能付諸實施？當一個政策付諸實施時，為什麼又常常不能產生實效？這種疑慮正普遍反映財經部門的「無力感」。

「無力感」的象徵

這種「無力感」正日漸散布，汙染著人民對政府的形象，腐蝕著工商界對經濟前途的信心。

財經部門的「無力感」表現在幾個層次上：

一、一個新構想提出時，常由於其他部門的猶豫而擱淺。另一方面，一個決定倉促實施，其他部門無法立刻配合，產生後遺症。

二、一個政策提出後，經過多項折衷的修改，幾乎失去原意，很難產生實效。

三、財經首長花過多時間在協調、在溝通、在「說服」少數表示異議的人。當「說服」失效時，一切落空。

四、即使政策能夠順利通過，但是由於執行部門不能配合，反而有時產生負面作用。

例如，當前最需要資金融通的中小企業的業者說：「利息是降低了些，但是我們仍然借不到錢。政府的政策是要幫我們忙，但銀行並沒有幫我們忙。」

想有所作為的財經首長及他們的左右手，比任何人更親身體驗到這種「無力感」。

克服這種「無力感」——也就是要使政策真能發揮實效，財經部門就要勇敢地把握住下列五個大原則：

一、財經決策的最高指導原則是謀求大多數人民的長期利益。因此不要因一些團體、一些人的反對而使政策擱置。

二、財經決策的最大考慮是資源的有效利用。因此政策本身不要因非經濟因素的干預而時時讓步。

三、財經決策的最大敵人是社會上一廂情願的看法。因此要常常指出魚與熊掌不可兼得的冷酷現實。

四、財經決策的成敗繫於不折不扣的徹底執行。因此一個決策如果不能貫徹到底層，再好的決策也只是紙上談兵。

五、財經決策最難以拒絕的誘惑是爭表面的與一時的利益。因此為了「爭千秋」，就要有膽識「忍一時」。

經濟部於今年八月毅然同意美國通用汽車公司撤走華同的投資，符合了上述的大原則，是「強有力」的表現。只可惜這個勇敢的決定是在修正過去決策的草率，不是為國家開創更多的財富。

結語

大有為的政府是有所為、有所不為的，但絕不是無力的、袖手旁觀的。

經濟風暴遲早會消失，當經濟復甦時，前面的航程仍將艱困——保護主義、中共競爭、策略性工業的推動，以及美國與中共的《聯合公報》，都是急流與暗礁。我們在這關鍵時刻，更需要正確的財經政策。

財經政策在台灣三十年的發展過程中，曾經是貢獻卓越的工具。扭轉當前財經政策的「無力感」，重振當年雄風，是領導階層共同面臨的挑戰，更是趙耀東、徐立德兩位部長任職即將週年的重大考驗。

一九八二年十月號《天下》雜誌

16 放眼看天下
——不做「國際經濟文盲」

痛苦的體認

在我國大眾媒體篇幅的處理上，國際大新聞一向比不上國內一個明星的花邊新聞或一宗犯罪事件的報導。這些大事都有它深遠的影響，可惜除了美、日兩國以外，我們對其他地區既少研究，也少關心，我們對國際經濟知識的貧乏已到了一個驚人的地步而尚不自覺。

凡是一出國門的人，面對這些國際經濟情勢，大概就立刻會有這種痛苦的體認與無法避免的自卑。

要想把我們國家變成「貿易大國」，第一步就要避免「島國心態」，放眼看天下。

島國心態

在島上成長的民族，或許由於地理環境的限制、資源的缺乏、人口的稠密，或許由於歷史的背景，常常導致強烈的自衛意識。其現實的一面就是人民在心態上變得自私與短視，在國際事務上永遠把經濟利益看得最重要，近鄰的日本就是一個典型的例子。「島國心態」也就幾乎變成了一個諷刺日本人的專有名詞。

但是，日本人有他們的長處。在經濟領域中，我們可以學習他們的敬業精神、商社之間的默契、政府與工商界的彼此呼應，但我們不需要模仿大和民族的「島國心態」。

擴大經濟視野

在地理位置上，台灣是一個小島，但是遷於斯、生於斯、長於斯的中華子孫正在努力保存中華文化的優美傳統。在這裡的中國人也更知道：台灣經濟發展的經驗，一方面為開發中國家樹立了楷模，另一方面也為中國大陸九億人民提供了切實可行的模式。因此在台灣生活的中國人，都應當要具有歷史上的使命觀，以及世界性的經濟觀。這篇短文在呼籲大家要擴大經濟視野，也就是要有在本刊週年號中所強調的：「積極、前瞻、放眼看天下」的態度。

事實上，當台灣以「貿易為命脈」時，在政策上，在做法上，在心態上，必定要具有這種智識與胸懷。

應當避免的例子

在國際經濟競賽中，首先不要以「台北的眼光」看天下。如以台灣習見的方法在國際上競爭，就會常常以自己有限的經驗做一廂情願的決定。列舉幾個大家熟悉的例子：

一、以為靠中國人的低工資就可吸引外資。

二、以為冒用別國商標不值得大驚小怪。

三、以為殺價就可打開國際市場。

四、以為靠自己及家族的力量就可闖天下。

至於在國際投資及貿易上，工商界以及政府部門也時時犯省小錢的毛病——不肯請高明的律師參與談判、不肯請夠水準的顧問提供專業知識、不肯在國外第一流的媒體上做廣告，也捨不得派人出國進修考察。

如果再要進一步希冀工商界有計畫地訓練人才（不挖角）、建立產品的信譽（不冒牌）、從事研究發展（不抄襲）、追求投資的長期利益（不求暴利），那就更是鳳毛麟角了。

注意國際經濟情勢

要培養世界性的經濟觀，就需要客觀的研判世界的經濟情勢。可惜目前的情況是：

一、大眾媒體（如一般性的報章與電視）對國際新聞報導的比例本就不高，對國際經濟的報導就更少，報章社論中常見不到評述國際經濟情勢的文字。多年來潘志奇先生是撰述這方面文章的少數學者之一。

二、公開演講、座談會或研究生的論文題目都是很現實的，如「紓解當前工商界困難」。分析國際經濟變成了一個冷門的題目。

三、政府機構（如國貿局）雖搜集各國商情，但極少研判國際情勢。學術機構偶有綜合性的區域研究（如淡江大學之歐洲研究中心），但總缺少足夠的注意與人力。因此整體來說，我們對國際經濟情勢的一些瞭解都來自翻譯，自己的研判幾乎是微不足道。

當大家把注意力集中在短期景氣及美、日兩國時，我們幾乎把中東、歐洲，及其他地區一筆勾銷了。在國際經濟知識的追求上，我們太勢利，也太偏頗了。

做一個現代人已經沒有離群索居的機會；做一個現代工商業者也已經沒有坐井觀天的自由。我們只有從今天起，使自己不再做一個「國際經濟的文盲」。

一九八二年十二月號《天下》雜誌

17 灰燼中出鳳凰

——「經濟衰退」的教訓：「盡己所能」

當前的世界經濟正如初冬的天氣：夜長晝短、冷寂、蕭瑟。大家急切企待著經濟的春天出現。但是國際上一些悲觀的專家預測：在前面等待世界各國的是一個更寒冷的冬天。

事實上，「經濟衰退」與「經濟繁榮」一樣，帶給社會的影響是好壞兼有。在現實社會中，幾乎所有的事都隱含著「失之東隅，收之桑榆」的哲學。

「經濟繁榮」會帶來很多受人歡迎的好處，但也有它的壞處。壞處之一是助長了工商界的自滿與虛驕、一窩蜂與盲目擴充，以為不花氣力也容易賺大錢，以為好景可以長駐。這種錯覺正是日後失敗的遠因。

「經濟衰退」帶來了很多令人沮喪的後果。對工商界而言，如產品滯銷、出口困難、競爭惡劣、利潤大降、財務周轉困難、利息負擔沉重。在這種處境下，人才能體會到：「賺錢可真不容易！」

「經濟衰退」反映在社會的也是一片淒涼：失業人數、倒閉行號、地下經濟增加；政府稅收、投資、人民消費減少，進而又使國民生產毛額、每人所得，以及儲蓄減少。

但是，「經濟衰退」也有它的貢獻：它像一塊試金石，不受人情干預，只以成敗論英雄。禁不起市場考驗的，就在優勝劣敗中淘汰，變成了犧牲品；禁得起內外煎迫的，就變成了灰燼中的鳳凰，光芒四射，脫穎而出。

「盡己所能」

經濟部長趙耀東在一九八二年六月的一篇演講中曾指出：「我們沒有能力改

善外在因素；也不宜等待國際的復甦，因此，唯有採取操之在我的做法，盡己所能。」（見《天下》雜誌第十四期第三十七頁）這個切中時弊的看法，只有在經濟困境中才有可能使工商界及政府本身見諸行動。「居安」而要「思危」，不容易引起共鳴；「居危」而要「求生」，則充滿了說服力。

當前的「經濟衰退」正提供了全國上下必須反省與檢討的最佳時機，它逼使工商界及政府部門不得不在困局中「操之在我」，不得不在逆境中「盡己所能」。

外交上的挫折，會使我們受窘，經濟上的挫折，則會使我們受困。

痛苦的體認

讓我們對「經濟衰退」此一打擊所帶來的影響稍做引申。

對工商界而言，碰運氣、撈一筆、任意揮霍的個人英雄式的時代已經過去。只有在講求管理、成本、品質，與研究發展的策略下，企業才能有持久的發展。

「經濟衰退」再度提醒企業家：更新設備、降低成本、注重品質、開發新產品，才是今後在國際競爭上唯一的途徑。如果沒有這種識見，那就安心地去做一個生意人吧！

工商界也應利用此一時機，放棄「獨自當老闆」的驕傲，考慮與其他企業經營合併或增資。也應當相信企管專家的診斷，來協助解決企業內部的瓶頸。

把管理基礎打好，把財務結構打穩，把眼光放遠，正是「經濟衰退」給工商界的痛苦的體認。

一帖藥方

大有為政府在「經濟衰退」中，又面臨了一次經驗。在財務收入減少，支出還要增加的雙重壓力下，「經濟衰退」也逼使政府部門在逆境中要做徹底的檢討：

一、優先次序不高的一切支出都要有魄力延擱或削減。

二、政府部門本身必須要有現代效率與成本的觀念。正如財政部長徐立德常說的：「政府的支出，就是人民的負擔。」

三、國營事業虧本愈多，政府財力負荷愈大，人民的負擔也就愈重。「不以營利為目的」的國營事業，就可能變相地變成了「以增加人民負擔為目的」。徹底整頓國營事業是趙部長的重要政策之一，我們應全力支持。

四、首長們也正可利用此一時機裁減或合併某些機構，調整部分人事，任用有作為的人，嚴格要求「責任歸屬」（accountability）。

五、財經當局是否具有足夠的應變能力？這包括了首長們的膽識，以及是否有第一流幕僚人員的襄助。此外，政府部門是否具有詳盡的國內、外相關資料？對付不同情勢是否已有不同的財經方案？

「經濟衰退」給政府部門的一帖藥方是：講求優先次序，注重成本效率、檢討國營事業，增加應變能力。

忍住廚房中的熱

美國前總統杜魯門（Harry S. Truman）曾說過：「如果你受不了熱，那就趕快離開廚房。」

「經濟衰退」帶給企業家及財經首長的壓力，豈只是象徵性的廚房中的熱可比擬？國內為數不少的企業——包括一些白手起家的——不幸已於灰燼中葬身。國際上因為經濟政策的爭論，有德國總理的更換、瑞典內閣的改組、墨西哥中央銀行總裁的辭職，以及美國期中選舉雷根的挫折。

「經濟繁榮」時，它像一層霧，蒙住了經營上的缺點。「經濟衰退」時，它像一次大地震，凡是結構虛浮，基礎薄弱，成本高、效率低的企業無一倖免。

國家多難時，容易考驗一個人的忠誠與志節。經濟困境中，容易考驗一個企業的實力與潛力，希望我們的企業家在這次無情的考驗中，個個盡己所能，「忍住廚房中的熱」，變成灰燼中歷練出來的鳳凰，足以自傲，也足以贏得大家的尊敬。

一九八三年一月號《天下》雜誌

18

市場經濟下的「競賽規則」

——美國的例子

美國是一個高度經濟自由的國家，也是一個競賽規則（rules of the game）嚴密的社會。正因為它一面有高度經濟自由，「一隻看不見的手」在兩百年的歷史中，為美國創造了舉世無匹的財富；也正因為它另一面有嚴密的競賽規則，灰燼中出鳳凰，唯有強者才能脫穎而出。

這篇短文以美國為例，討論市場經濟制度下的政府法令（regulation）。

三種方式影響經濟活動

美國政府在市場經濟體系下，以三種方式相互為用，有時消極地參與經濟活動，有時積極地追求經濟目標：

一、**政府部門提供公共財：**如國防、義務教育、基本公共投資。值得指出的是，美國為自由世界中，公營事業最少的國家。它既沒有國營的電力公司、電信局，也沒有國營的鋼廠、船廠、酒廠、糖廠，甚至也沒有國家的兵工廠，造核子武器的工廠也是民營。

二、**以財政政策為主要工具：**透過徵稅、免稅，以及改變政府支出等方式來減少財富集中、創造就業機會、提供社會福利、照顧低所得等。

三、**透過立法訂定經濟法規：**這就變成了民主社會中大家遵守的競賽規則。這些法令可以粗分成兩類，第一類是「禁止性的」法令（proscriptive rules），規定人民及工商界哪些事情可以做、哪些事情不可以做。例如學齡兒童一定要上學，出售商品時不能有膚色、宗教、性別等歧視，廣告不能失實，產品不能損及健康及安全。這些法令界限了合法與不合法的範圍。這些範圍隨著時間、社會變遷及價值判斷等因素的變化而不斷地修正。

第三類是「指定性的」法令（prescriptive rules）。這一類的法令具體規定了某一種經濟行為的細節。例如聯邦管制機構曾規定航空公司飛行的路線以及票價、電話公司與瓦斯公司的收費標準，甚至到哪一年出廠之汽車其每加侖汽油的消耗量要達到一定標準，以節省能源。

當這些法令在保護消費者的旗幟下，愈來愈瑣碎而嚴格時，美國的工商界就大聲疾呼地反擊，指出法令管制過多的副作用——增加了生產成本與價格、減少了產品的銷售與利潤、影響了生產力及私人投資的意願，以及損傷了美國產品在國際間的競爭能力。

美國的聯邦管制機構

十九世紀中葉的美國以小型農業及家庭企業為主，是所謂自由放任的資本主義時代。內戰（一八六一～一八六五）結束後，美國在經濟方面有了明顯的轉變，大企業逐漸出現，美國政府的干預變得不可避免。首當其衝的是對鐵路的管制。

民主與法治是相輔相成的。為了要保障全民的經濟自由，聯邦政府就有各司專責的管制機構（regulatory agencies）。下面列舉近百年來美國最重要的管制機構：

一八八七——州際商業委員會（**規定鐵路及貨運之路線及費率**）。

一八九〇——反托拉斯局（**禁止獨占壟斷**）。

一九一二——聯邦準備銀行（**管制貨幣及信用**）。

一九一四——聯邦貿易委員會（**提倡競爭、保護消費者、禁止不公平交易行為**）。

一九三〇——聯邦電力委員會（**規定電力、瓦斯之費率**）。

一九三一——食品及藥物管理局（**保障食品及藥物之安全**）。

一九三四——聯邦交通委員會（**管制廣播、電話、電報等傳播工具，一九七七年改為「聯邦能源管理委員會」**）。

一九三五——國家勞工關係局（**調節勞資雙方行為，舉辦工會選舉**）。

一九三八——民航局（**管制國內航線**）。

上述這些機構的管制是經濟性的，例如它以管制費率的方式保護消費者，而不是靠國營的鐵路與電力公司來提供廉價的服務。

下列的七個機構是最近二十年來，為適應社會變遷而設立的，管制的性質是偏重社會公平與生活層面：

一九六五——公平就業機會委員會（**處理有關歧視之案件**）。

一九七〇——全國公路安全局（**建立車輛的安全標準**）。

一九七〇——環境保護局（**訂定減少空氣汙染的步驟與進度表**）。

一九七〇——職業安全與健康委員會（**訂定工作時之安全與衛生條件**）。

一九七二——消費品安全委員會（**訂定商品之安全標準**）。

一九七三——礦場安全與健康局（**訂定礦場安全標準**）。

一九七五——核能管制委員會（**訂定核能使用安全標準**）。

目前美國共有五十七個聯邦管制機構，僱用人數近九萬，經費年達六十億美元。一個經濟自由的國家，就是靠這些機構的監督，才會有公平的競賽規則。

為什麼需要經濟法令？

從經濟觀點看，一國的經濟法令就是該社會經濟競賽的公平規則，因此凡是涉及「不公平競爭」的行為都在排斥之列。「不公平競爭」之所以產生，是由於市場經濟體系中無法避免這種事例，也就是出現了所謂「市場失敗」（market failure）。細分起來可從四方面說明為什麼需要經濟法令：

一、當「自然壟斷」（natural monopoly）出現時（如當地唯一之私營電力公司、自來水公司），政府一面核准「僅此一家」，讓其享有壟斷，另一面為了保護消費者，也管制其提供的服務、價格及利潤。

二、政府的法令也在避免「過度的惡性競爭」以及「價格歧視」，兩者都會導致資源的浪費。

三、政府的法令也要求廠商對消費者提供更正確詳盡的訊息，如禁止仿冒及廣告詞句不實。在服務業方面（如理髮師、房地產經紀人），規定獲得執照始可營業，以求服務品質水準的統一。

當「社會成本」不斷發生時，如空氣汙染、自然景觀破壞，政府責無旁貸地要訂定法令予以防範及阻止。

雷根的努力

以減少法令管制為競選政綱的雷根，當選美國總統後一直在這方面努力。他認為當前的經濟法令有下列三大問題：

一、**管得太多**：一般美國人常吃的牛肉餅在法律上竟然要符合天文數字般的法令——兩百個條款與四萬一千個規定。其中包括了對農場、牧場、屠宰場、加工場、超級市場、餐廳等等的各種要求。

二、**成本太高：**為了符合安全及公害的規定，使汽車平均售價在一九七七年上升了六百六十六美元，一九八一年時上升了一千元，這使得低所得者更無法購置較安全的新車。

三、**後果可慮：**立意良好的最低工資，反而增加了青少年的失業；保護低所得的房價管制，帶來的是房屋短缺；照顧大眾生活的物價管制，帶來的是一般人買不到要買的東西，但是有錢人照樣可在黑市買到他們所需要的。

雷根強調：「我們的目的是刪除失去時效的、浪費性的法令，同時要使必須存在的法令有效率、有彈性。」在他任職的第一年中，白宮就曾徹底檢討二八九三項法令。去年二月，他向國會提出了法令革新的三大原則：

一、個人應當要有最大的自由做自己的選擇：政府要盡可能地尊重市場機能，法令是萬不得已的替代。只有當「市場失敗」產生時，以及只有當執行政府法令的利益高於成本時，才用法令管制。

二、法令管制實行時，要注意各州及各地方之間的差異性。

三、政府應盡力提供誘因，減少命令：誘因是積極性的，命令是消極性的。「成本利益的分析」是決定「誘因」與「命令」的一個有用的工具。

雷根正以這些原則，有些以行政命令，有些需國會通過，在大量削減、修正這些經濟法令。

結語

在一個重視經濟自由的民主社會，經濟法令訂定了大家必須遵守的規則。因此討論這些法令規章時，並不是「需要與否」的爭論，而是「需要多少」以及是否「適合時宜」的爭論。

法令太多會有過少的自由，法令太少會有過多的漏洞。要維持一個適宜的法令真是談何容易！雷根提出的三個原則是值得參考的。

在我國現況下，有些經濟法令太落伍，不能配合經濟發展；有些新法令尚未訂定，造成爭執。此外，由於舊有的執法機構缺乏專業人才及充裕經費，應有的新執法機構尚未成立，更造成了經濟紀律的欠缺。

一個沒有經濟紀律的社會既無法長期保持經濟成長，也無法培養國民對紀律的尊重。在我們政府的施政優先次序中，訂定適合現代社會的公平「競賽規則」，再配以嚴格的執行，應當是刻不容緩的。

一九八三年三月號《天下》雜誌

19 為什麼決策會錯誤？

在〈決策錯誤比貪汙更可怕？〉一文中，筆者曾寫過：「如果政府部門沒有把其擁有的資源有效地利用，其所產生的經濟後果，遠比零碎的、低階層的、偶發的貪汙更可怕。」本文進一步討論如何避免決策錯誤。

第一次就做對

首先應指出：公務上的錯誤無法避免，否則一犯錯就變成眾矢之的，更加深了「少做少錯，不做不錯」的鄉愿作風。因此，來自於善意的、誠實的、勇於承認及改正的錯誤應當可被大眾與輿論所諒解。但是，社會的進步與效率的提高就是要在「追求卓越」的精神下，盡量減少錯誤，第一次就做對。

決策的錯誤常常是由於疏忽了下面六個因素的重要性，及它們應有的分際：

一、**專業知識與市場情報**：現代決策——不論是大汽車廠、鐵路地下化、核能發電——所要考慮的因素實在錯綜複雜。主管機關的首長以及他們的幕僚都無法具有足夠的知識與情報做最佳的判斷。因此聘請專家、成立顧問小組，邀請相關的技術人員參與，是減少風險的必要步驟。

華同案的一個錯誤就是缺少專業的法律知識，代表我方的律師，在合約中忽視了我國權益合理的保障。我們希望中日合作的「國豐」大汽車廠在整個規畫及作業過程中，應有都市規畫、運輸、公害相關問題的專家以及精明的律師參與。

二、**政策工具**：達到一個既定的政策就要用適當的與適量的工具。「過」與「不足」都應避免。殺雞用牛刀是「過」、打蒼蠅不打老虎是「不足」，都是資源的誤用。

選擇「適當的」工具（如不景氣時降低利率），比選擇「適量的」工具（如利率到底應下降到多少）較為容易。但兩個選擇的正確與否主要還是靠首長及智囊們的專業知識與市場情報。現代的財經決策不能僅靠過去的經驗與主觀的判斷。

三、**短期與長期**：民主社會中政府首長面臨的一個大難題就是民眾及輿論都缺乏等待的耐心，不論問題的性質，都要立竿見影。在這一壓力之下，長期容易見效的政策都很難推行，就不得不乞求於救急性權宜措施。權宜措施只治標不治本；只在掩飾問題，不在解決問題。

減少特效藥

我們的首長應有信心減少臨時性的「特效藥」。進一步要向社會大聲呼籲：「給我們時間，我們會成功。」英國首相柴契爾夫人（Margaret Thatcher）的經濟政策——減少國營事業、減少政府支出、尊重價格功能——如果成功，將是西歐社會中不惜短期代價、堅持長期觀點的一位值得尊敬的領袖。

四、**原則與彈性**：彈性過多就沒有原則可言，原則一成不變，也就沒有彈性可言。財經政策的基本目標是追求高度的經濟成長、穩定的物價、公平的所得分配與較佳的生活素質。

達到這些目標的重要原則包括了自由貿易、市場競爭、累進所得稅等。首長們如何一面堅持這些原則，如何在某些特殊情況下又允許彈性調整（如暫時設限、投資獎勵），實在相當於走鋼索的俠客，需要極大的膽識與技巧才能求得平衡。

五、非經濟因素的考慮：財經政策當然不能不顧及非經濟因素（如選舉的時間），但不能經常受非經濟因素的干預。「用經濟手段解決經濟問題」是一個比較可靠的原則。

政策錯誤的替罪羔羊

歷年來我國向海外某些地區的政治性採購，我們確知的只有一點：受了非經濟因素的考慮，付了較高的價格，多花了可貴的資源，所得到的是一些既無從估計，也不能一定兌現的「非經濟利益」。在這種所謂政策性考慮下，「責任歸屬」（accountability）無從追究。正如國營事業可以很順理成章地把所有的虧損歸諸於「非經濟因素」——政策性的貼補一樣。在這些情況下，「非經濟因素」一面影響了決策，另一面又變成了政策錯誤的替罪羔羊。

六、人為的因素：不論決策過程如何周密，人為的錯誤仍難避免。這包括了決策及幕僚人員的性格與態度：是否自己太自信，不易接受別人反對的意見？是否只有良好的用意，但沒有縝密的判斷？是否缺乏主見，反受別人利用？是否真有私心、徇情、貪汙等的可能？

重大的決策可能產生重大的利益，也可能帶來重大的弊害。當重要人士參與重要決策時，人為的因素就更重要了。

結語

要減少決策的可能錯誤，決策者應當要：瞭解專業知識與市場情報之重要、謹慎選擇適當與適量的政策工具、不要用受人歡迎的權宜措施來代替治本的長期政策、尋求原則與彈性之間的適度平衡、避免讓「非經濟因素」經常干預經濟決策，以及不要忽視了人的因素。

科學實驗可以在不斷的嘗試及錯誤中得到最後的成功，影響人民生活及國家前途的財經政策沒有這種奢侈。決策過程中，對上述六個因素多加考慮，雖不能完全沒有錯誤，但一定可以減少錯誤。減少錯誤就是社會進步的第一步。

一九八三年七月號《天下》雜誌

20 我們從「日本經驗」中得到什麼？

近百年來，亞洲是一個列強紛爭的地區，但不是世界權力的中心。這個地區擁有全世界最多的人口，可惜也同時是貧窮與愚昧的溫床。古老的東方文化固然令人神往，但經濟的落後卻無法贏得尊敬。

日本是太平洋世紀的重心

以亞洲人的眼光來看戰後經濟的競賽，這個比美國加州還小的戰敗國，首先脫穎而出。今天日本的經濟實力所產生的影響，遠超過了當年日本軍閥的武力：

全世界每一個角落都有受人歡迎的日本貨；全世界的人都在談論：如何可以吸取「日本經驗」？

在西方，專家們認定日本已經是一個不折不扣的第一等經濟強國之後就預測：二十一世紀將是以日本為中心、儒家思想為主流的太平洋世紀。

對中國人來說，想到日本軍事上的侵略（八年抗戰）、政治上的短視（承認中共）、經濟上的現實（中日逆差）、商業往來上的小氣（技術轉移），以及一些日本觀光客留下來的惡劣印象，我們在情緒上不容易稱讚日本，在做法上不容易仿傚日本。但是要使自己的國家變成明日的經濟大國，我們就不得不客觀地取人之長，來補己之短。日本就是在明治維新以後吸取了歐美各國的長處，以及我國文化的精髓，加以消納整合之後，青出於藍勝於藍的範例。

日本的經濟紀錄

以總體經濟指標來看日本經濟，它壓倒式的勝利是空前的。一億二千萬人口，局限於三十八萬平方公里的土地上，其中只有一九%的可耕地，沒有任何重要的自然資源。但在戰後的三十餘年中，獲得了這些紀錄：

- 一九八二年的每人國民所得為八八三六美元，為世界上所得最高的國家之一，同時其所得分配之平均為世界第二，僅次於我國。
- 汽車生產總數為世界第一，已超過美國。一九八二年總量為六百九十七萬四千輛，外銷總數達四百萬輛。
- 專利總數為世界第一，遠超過美、德、英、法等。
- 機器人的使用世界第一。一九八一年時已達六萬七千左右，德國名列第二，只有一萬一千餘。
- 以總生產量、就業人數、物價指數、幣值、輸出、工業生產六個指數作為競賽的項目，日本輕易地擊敗了經濟高峰會議中的其他六國。

近年來西方學者對日本經濟的研究不遺餘力，如經濟學者拉克吾（William A. Lockwood）、社會學者傅高義（Ezra F. Vogel）、剛去世的未來學家康恩

（Herman Kahn），及歷史學家賴世和（Edwin O. Reischauer）。歸納這些學者的看法，有三組因素可以解釋日本的高度經濟成長。

第一組因素：戰後的

第一組是屬於戰爭相關的因素。

一九四五年九月二日在東京灣的美國航空母艦密蘇里號上，日本政府簽訂了投降協定。但是湧回的僑民、失去的占領地、炸毀的工廠，以及戰爭中喪失的巨大人力，並沒有使日本從此一蹶不振。

日本的經濟重振要歸功於美國的大量經援、韓戰爆發帶給日本的新市場，以及戰後復建過程中國內的強烈需求。此外，日本經濟的民主化（如土地改革），一九六〇年代世界性的經濟繁榮，尤其美國八十個月持續的經濟景氣，使日本的輸出直線上升。

第二組因素：制度的及政策的

贊成政府干預經濟活動的學者，常引用日本政府對企業的支援如融資、低利貸款、訂定投資次序、設立研究機構，以及允許「非關稅堡壘」的方式，來說明政府與企業二者密切的配合。

在美國防禦協定的保護下，日本的國防預算一直微不足道。一九八〇年只占國民生產毛額〇．九％，美國則高達五．五％，英國五．一％，法國三．九％。日本也是唯一沒有國防部的大國。

大企業與小企業的相互支援也是另一個因素。以最大的企業豐田汽車公司為例，其本身只生產三〇％的汽車零件，其餘七〇％則來自衛星工廠。

此外，日本社會尚具有其他七個因素：

- 熱中於引進國外技術。
- 高度的儲蓄率與投資率。
- 合作性多於對立性的勞資關係。

- 各種商社有效的蒐集商情。
- 企業間的強烈競爭。
- 資助企業成長的金融體系。
- 政局安定，民主政治已上軌道。

第三組因素：社會的、文化的

一個國家的經濟進步，不能只靠經濟的因素。除非一國的社會與文化因素相互配合，持久性的經濟進步是無法產生的。日本提供了一個成功的實例，這些因素包括了：

- 教育的普及與深入各階層的讀書習慣。
- 人民的勤奮與節儉。
- 強烈的集體意識。
- 人種及語言的單一。

・高度的適應性及仿傚性。
・習慣於自求學時代起養成的強烈競爭。
・缺乏自然資源，養成同舟共濟的心態。

我們能學到什麼？

正如一位學者指出：自明治維新以後，日本的政治制度學英國、軍事學法國、醫學學德國、科技學美國。日本取各國之長，然後徹底地學習、徹底地執行。我們能從「日本經驗」中學到什麼？在多種可能性中我特別強調三項：

(1)**團體意識**：日本社會就像是一個相互呼應、密切配合的環節——員工與公司、企業與政府、大企業與衛星工廠——緊緊地扣在一起。其間有默契，也有競爭；有合作，也有勝負。但每個人知道他的角色，不論是商社的社長或工廠的工人，都會全力把自己的工作做好，產生了對自己挑剔、對同事合作、對工作單位奉獻的強烈團體意識。強烈的團體意識正是我們所普遍缺乏的。

(2)**貧乏的憂慮**：當日本已經是第一等經濟大國時，日本的企業家與經濟學家在談論時仍然時時指出：「我們是一個資源貧乏的國家，只有靠不斷的創新與不斷的努力，才能不落後。」這種「貧乏」的恐懼深入人心，第一次能源危機又再度提高他們這種警覺。它變成了每一個日本人精益求精的動力。「居安思危」在現代化的日本工廠中比在台北更可以感覺得到。

(3)**世界觀**：有人認為島國的民族氣量狹隘，但不要低估日本人對世界商情變化的瞭如指掌。日本商社與大眾媒體盡到了它們應盡的責任。日本的企業，尤其以外銷為導向的企業，無不以世界市場的品質、價格及需要作為決策的標準。沒有世界觀的人容易夜郎自大，沒有世界觀的外銷廠商只能碰運氣賺錢：日本工商界的世界觀使日本在國際競爭中無往而不利。

外貿在我國經濟活動的比重遠超過日本，但是，我們的世界觀在哪裡？當我國報紙上的國際新聞比不上娛樂版，更比不上社會版時，我們的世界觀如何能培養？我們不要批評日本人的夜郎自大，要擔心的是自己的坐井觀天。日本的仿傚經驗提供了「青出於藍勝於藍」的例證，這個成功的實例，也許正是值得我們效法的。

也許有一天，我們因為仿傚日本，而又超越日本，贏得了中日兩國百餘年來競爭的最後勝利。

一九八三年八月號《天下》雜誌

21 推動進步觀念的絆腳石

對傳播進步觀念的人，唯一的限制因素是自己的進步觀念；對其他的人，任何因素都會是限制因素。

新觀念

進步的社會需要進步的觀念來灌溉；落後的社會更需要進步的觀念來激發。當我們的社會逐漸轉變成現代化時，我們遭遇到的一個大阻力是：即使有人——如政府首長、專家學者、民意代表——很勇敢地提出進步觀念，迎接他們的常是四周的懷疑與滿溢的高調。一個社會之不能順利地進步，不是沒有原因的。要打破傳統觀念的束縛，除了勇敢之外，更要毅力與說服力。

所謂「進步的」觀念是指在法治與民主的前提下，這些看法、這些論點、這些推理能夠促進經濟效率、社會公平與文化提升。

在民主社會中，對一個觀念或構想表示懷疑或責難應當受到歡迎，但不應當受到歡迎的是：這些懷疑與責難只反映出自己的無知與貪婪。

一個進步觀念之所以引起爭論，甚至曲解，常常是由於它使：

(1)既得利益者受損：如取消保護、開放進口。

(2)自己的收支受到影響：如取消某些免稅規定，增加出國觀光規費。

(3)當事人產生不便或不安全感：如聯招之修改、公車之改道。

(4)一般民眾受到短期的損失：如調整費率。

但是另一方面，傳播進步觀念的人，應當要細察提出的主張是否：

(1)符合國家的長期利益？

(2)已把可能產生的短期影響減少到最低？

(3)已經做好事先的溝通或宣傳？
(4)可以逐步克服困難，付諸實施？

八種阻力

大家都希望我們的社會能加速進步，但社會要進步，首先就要減少推動進步觀念時候的絆腳石，當前的這些阻力可分八點說明：

(1)**先找缺點**：一個新觀念的提出如大學聯招修改——怎麼可能是零缺點？任何的決定應當要權衡利弊及長短期的影響。當大家習慣於一窩蜂式地對一個新構想全力找缺點時，它首先就被剝奪了公平討論的機會。

(2)**懷疑動機**：對提出新構想者的動機予以猜測：如贊成減稅，是否為工商界爭取利益？如贊成高中女生可出國，是否自己或親友之子女可以立刻得到好處？如贊成部分銀行開放民營，是否變成了「大財閥」的代言人？我們社會上太需要以「君子」之心度君子之腹的人！

(3)**從長計議**：當任何一個建議牽涉到很多層面時，「再仔細想想」或「再與有關單位洽商」，就可以把它擱置或者打消。多年來對「地下鐵」應否高架或地下化的爭論就是一個例子。目前地下鐵在孫院長的指示下終於在板橋開工興建了。

(4)**不宜冒險**：與第三項在心態上相近的就是：何必嘗試一個新的方法、新的計畫？「新」的終有不少冒險的成分，在「不宜冒險」的安全帽下，一切蕭規曹隨，既無革新更無突破。財政部要全力實施加值稅、要推動創業性投資，是可喜的例外。

(5)**本位主義**：凡是損及本身的權力、人事、經費等的構想，都可以在冠冕堂皇的理由下反對。經濟部讓農業局列出與農復會合併成立一個新機構，也是一個可喜的例外。

(6)**法令限制**：當前各種法規已不能適應今天工商業中的「競賽規則」。而現有的法令構成嚴重的束縛，例如人人知道國營事業管理條例需要大幅度修改，但迄今仍未修改。因此，國營事業的效率怎能提高？新構想怎能實行？

(7)**缺乏人才與經費**：新構想很少不需要新的人才與經費來配合。「空中大學」的好構想已經有了好的起步，但要「入學從寬，畢業從嚴」——真正注重畢業生的品質，那麼教育部就必須投入更多的人力與財力。在電視上請幾位教授授課是最容易的一部分！正因為人才與經費的缺乏，大家贊成的新觀念，如「研究與發展」就不幸地仍只是一個口號。

(8)**私人利害**：社會上仍有一些人當自己不肯做事時，也不高興別人做事；當自己缺乏新觀念時，也嫉妒別人提出新觀念。這一些人誤用「國家利益」、「均富政策」、「社會公平」等名詞來阻止新觀念的推動。

蔣夢麟先生的範例

蔣夢麟先生是推動進步觀念的一位先驅。他曾在一九五九年公開地聲明：「我現在要積極地提倡節育運動，我已要求政府不要干涉我。如果一旦因我提倡節育而闖下亂子，我寧願政府來殺我的頭，那麼，太多的人口中，至少可以減少我這一個人。」

當我們今天傳播進步觀念時，已無需蔣夢麟先生當年的勇氣，但仍需學習他的毅力與說服力。

一九八三年十月號《天下》雜誌

22

攀登三座經濟頂峰

——自由化、制度化、國際化

我們的免疫

一九八四年六月九日在美國電視上看到英國首相柴契爾夫人宣讀七國經濟高峰會議共同聲明時，我強烈地感到做一個中國人的驕傲。因為在聲明中，七國領袖討論當前國際經濟病症——上升中的物價、過高的利率、龐大的財政赤字、居高不下的失業率、開發中國家可怕的外債——我們真是奇蹟式地完全免疫。

我國一九八四年第二季的重要經濟指標是：五月份的消費者物價（與一九八三年同月比較）只增加了〇・三七%、基本利率八・一二五%（美國為一二・

五%），失業率二·〇%、一九八六年經濟成長率預估為九·〇%，外匯準備為一百五十七億美元，外債約僅九十億美元左右，這實在是一個難能可貴的紀錄。

一盤活棋

這個足以令人驕傲的經濟紀錄是政府與人民共同締造的。創造這個紀錄的一個關鍵因素是：政府的財經政策。這一政策在過去六年中，即是由總統所信託的財經首長們所執行。孫運璿與俞國華兩位先生在這一過程中扮演了重要的角色。

目前世界各國遭遇的經濟難題都是冰凍三尺，非一日之寒。例如西方國家的財政赤字即是歷年來在不同政黨執政下，政府入不敷出的結果。拉丁美洲的外債也是多年來政府好大喜功、奢侈浪費、營私舞弊造成。一言以蔽之，這種結果大都是在討好選民、空放諾言、私心作祟的心態下所產生的錯誤決策。過去三年世界性經濟大衰退加速暴露了這些決策的後遺症。

當俞總裁變成俞院長時，他很幸運地承襲了沒有嚴重後遺症的財經政策。宛如一盤活棋，他可以再仔細衡斷一些重要的財經決策及方向，例如：

(1)自由貿易區、加值稅、大汽車廠是否應按照原構想全力進行？抑或適度修正？

(2)國營事業的效率究竟如何提高？

(3)國民住宅興建、稻米收購、國外政治性採購等究竟應做哪些改善？

(4)現代社會應有的經濟競賽規則應如何建立？

這些列舉只是俞院長所宣稱今後經濟發展重點——自由化、制度化、國際化——的一部分。正如俞院長所說：

自由化：尊重市場價格功能，政府對產業及各種經濟活動，要盡量減少不必要的干預。

制度化：自由經濟必須在一套合理的典章制度下運作，因此今後對於金融制度現代化、財稅制度合理化及經濟法規健全化，都應全力以赴。

國際化：要努力減少各種生產因素在國際間流動的障礙，力求產業發展的國際化，同時還應積極參與區域間的經濟合作，在國際間扮演一個活躍的角色。

這「三化」的闡述既清晰又明確，要嚴格地執行，又將是何等地艱辛！

艱辛的歷程

要逐步建立自由化、制度化、國際化，首先需要調整的是三十餘年來的心態——人民過分依賴政府、工商界過分依賴保護、政府過分信任自己的「大有為」。在目前的心態與作風下——

- 走向「自由化」的途中，怎會乾乾淨淨地拋開「保護」的包裹？
- 走向「制度化」的途中，怎會徹徹底底地消除人情、特權、私心的壓力？
- 走向「國際化」的途中，怎會完完全全消除利益團體與守舊意識的抗拒？

在今天的國際社會中，即使是市場經濟程度最高的美國，在立國二百多年中也沒有建立起一個完全符合自由化、制度化、國際化的體制。而在層層法令、觀念、私心等束縛下的我國，更是談何容易？但這是俞院長所標示的正確大方向。應當透過經建會的策畫，盡速建立一張優先次序與拾級而上的時間表。只有聲明的誠意是不夠的，必須要做點點滴滴的努力。

絕非易事

自由化、制度化、國際化是三座值得全力攀登的頂峰。但攀登每一座頂峰都要付出無比的代價。即使在「貿易自由化」的範圍中，正如汪彝定先生指出：「要撤除保護，不但須克服外界對於『摧殘本國工業』、『浪費外匯』、『不應進口外國消費品助長奢靡』等響亮的反對呼聲，更要克服政府內部熱心於計畫與管制的人們的主張。這絕非易事。」

在國際舞台上，中華民國實質外交的運作只有靠經濟實力做後盾，要繼續贏得國際友人對我國經濟成就的尊敬，也只有靠我們全國上下放棄保護的心態，減少「人為」的干預，開放國內的市場。

正如凱因斯提醒我們的：「人類會做理性的決定，但總要在探索所有別的途徑之後。」攀登三座頂峰，雖然「絕非易事」，但這是政府多年來的理性決定，而由俞院長再度肯定，深盼俞內閣能拾級而上，全力以赴。

一九八四年八月號《天下》雜誌

23 交棒人全力以赴，接棒人全力衝刺

在電視上看到奧運四百公尺男子接力賽美國隊奪標時，每位觀眾一定會讚賞：這項三十七秒八三破奧運的成績，是來自這些運動員不斷的苦練與高度的默契。

當我們再屏息觀察第一棒交給第二棒、第二棒交給第三棒、第三棒交給第四棒時，我們又重溫了競賽得勝的古老公式：交棒人的全力以赴，接棒人的全力衝刺。

驕傲與隱憂

在今天的國際競賽中，我們一面有令人驕傲的紀錄，一面有不可忽視的隱憂。

驕傲的紀錄，正如評估世界各國經濟成績的《歐元》雜誌（*Euromoney*）所顯示：在一九七四～一九八四年間，以經濟成長率、出口成長率、物價上升率、升值速度、經常收支五項平均的總體經濟指標為準，我國名列世界第二，僅次於新加坡。

不可忽視的隱憂表現在「對問題的討論，大家都很熱烈；對問題的解決，大家都很茫然」。今天社會上各種財經、交通、教育等問題幾乎都是舊問題的延續與老問題的擴大。在現代社會中，把昨天的問題留到今天來解決，其所帶來困難，大概不是等差，而是等比的增加。

深一層分析，今天隱憂的根源來自各階層反應的遲鈍、共識的脆弱、行動的散漫、遠景的模糊，與團隊精神的缺乏。

交棒人

克服這些隱憂的方法之一是：我們每一個人都應當站在各自的崗位上，全心全意地工作——做一個全力以赴的交棒人，做一個全力衝刺的接棒人。

部會首長更迭，舊的首長是交棒人，新的首長變成了接棒人；工廠中夜班交接，白天的員工是交棒人，晚班的員工也就是接棒人。在現代社會中，每一個成員，不論職位的高低，都時時刻刻扮演著交棒人與接棒人的角色。

做一個稱職的交棒人首先要去除「船到橋頭自然直」的心態。沒有這一種心態，交棒人——不論是大學校長、政府首長、公司董事長——就會做長遠的打算，如立刻採取各種措施、修訂不合時宜的規定、培植優秀的接班人才。

交棒人也需要去除私心，不要擔心自己安排得愈好，接班人愈容易有表現，因此損及了旁人對自己的評價。

正因為沒有私心，交棒人更不會做只贏得今天掌聲，而帶來明天後遺症的決定。

在一九八〇年一次威斯康辛大學的院務會議中，院長問各位系主任要以什麼辦法來評鑑他們。其中一位說：「最簡單的辦法就是評估他擔任系主任之後，有沒有聘請到比他更好的教授？以及系中是否已聘有隨時可以擔任系主任的同事。」

把這個說法稍加引申，任何公私機構負責人的責任之一，就是要物色或者培植優秀的接棒人。如果負責人認為只有自己的子女或親屬才能做接棒人，那麼他要確定他真的是內舉不避賢。

任何人在其位，而不謀其政，最大的傷害是「時機」的錯失。「時機」是一去不返的。一個全力以赴的交棒人不會錯失時機，也不肯把今天頭痛的、棘手的問題留給明天的接棒人。

交棒人最需要有的智慧是遠見。以遠見為指引，就不易產生方向上的偏差與保守的心態。「鞠躬盡瘁，死而後已」是對肩負國家重任全力以赴的交棒人的適切寫照。對一般人來說，做一個全力以赴的交棒人就是要不自私、不推諉、認真、負責。

創造一個「做事」的環境

在我們的處境中，政府部門與私人企業都需要有全力衝刺的人來領導。「衝刺」當然不是指蠻幹，而是指理性地、有計畫地，把以前拖延的事、辦不通的事、不敢碰的事，勇敢地、徹底地執行。

今天社會上「無力感」的現象依然瀰漫，只有靠各個層次具有衝刺力的人來突破。在突破的過程中，這些勇敢的接棒人常常受到無理的責難。我們必須要給這些肯做事的人全力的支持：在做對的十件事中，另外做錯了一件事，應當是可以原諒的。此外，我們更要指出：離職以後的「十分」讚美，不如在職時的「一分」鼓勵。

因此，當前比創造「投資環境」更重要的是，創造一個政府部門及民間企業「能做事」以及「肯做事」的環境。在這環境中，全力以赴的交棒人不會因絆倒而受到不應當有的嘲笑，全力衝刺的接棒人更會因努力而得到應當得到的讚美。

當一九八五年呈現在我們眼前時，在台灣的中國人，除了全力以赴與全力衝刺之外，實在沒有別的選擇。

一九八五年一月號《天下》雜誌

24 企業形象
——良性循環的原動力

「企業形象」似乎是一個抽象概念，但常常可以真實地反映出社會大眾對這一企業的評價。

（一）

一個成功的大企業，正如一個成功的人物，一定珍惜它的聲譽、地位、影響力，以及公眾的認定。美國的ＩＢＭ、日本的ＳＯＮＹ、瑞士的ＯＭＥＧＡ、德國的BMW，都是家喻戶曉、受人稱讚的公司或產品。

在進步的西方社會，良好的企業形象是日積月累的努力成果——反映出商品的品質、售後的服務、技術的創新、員工的平等待遇、生產方法對環境的重視、社會的參與等多方面。

卓越的企業形象絕不能只靠媒體上的宣傳、良好的公共關係以及公開的捐贈而持久。

要贏得消費者心目中良好的企業形象固然不易，但一件意外或者一種過失，可以立刻傷害到消費者對它的信心及支持。如五月間國內遠東航空公司班機發生的故障；如美國的通用動力公司（General Dynamics）因製造國防武器時售價過高，引起官方的懲戒與民意的強烈批評。

（二）

在傳統意識仍然強烈的我國社會，工商界人士之中有一些人只有生意人的精明，但缺乏企業家的識見。這種「精明」的商業行為有時是違法的，如仿冒；有時是在法律的邊緣，如生產過程中產生了「外部成本」（河川受到汙染）；有時是不公平的，如同一工作但女性工資低於男性；有時是短視的，如不重視員工的工作環境及在職訓練。對這種精明的生意人，我們可以斷言：他們只是經濟過程中的短暫過客，遲早會被嚴密的經濟紀律、市場的競爭，以及具有公正判斷力的消費者所淘汰。今天我們所企求的是：有更大規模的企業出現，有為數更多的企業家出現，以及這些企業都在追求完美的企業形象。

(三)

完美的企業形象是建築在三個相互關聯的層面上，包括：經濟面、社會面與人性面（參閱圖一）。

經濟面是指企業必須要有利潤——當然是指用合法的方法來賺錢。在市場競爭下要獲利，必定是依靠嚴格的管理、不斷的創新、良好的產品及顧客服務。

社會面是指企業賺錢之後，必須負起社會責任。包括了改善引起公害的生產方法，以及其他社會的公益活動——設立學校、醫院、基金會等。

人性面是指企業一方面應與員工分享成長中的利潤——如為員工設立圖書館、托兒所、休閒中心、退休制度等；另一方面其產品應不斷調整，來滿足消費者的需求——迎接所謂「輕、薄、短、小」的時代。

這三個層面的同時改善與相互支援，構成了令人嚮往的一幅優美的企業形象的畫面。

（四）

建立完美的企業形象固然需要全體員工來實踐這些管理上的理念——「第一次做對」、「從不忽視細節」、「不做外行事」、「全心全意使顧客滿意」……但最重要的因素仍然來自個別企業負責人的言行與表率。

當這些企業領導人守法、負責；重視品質、注重創新；不過分自負、不只用

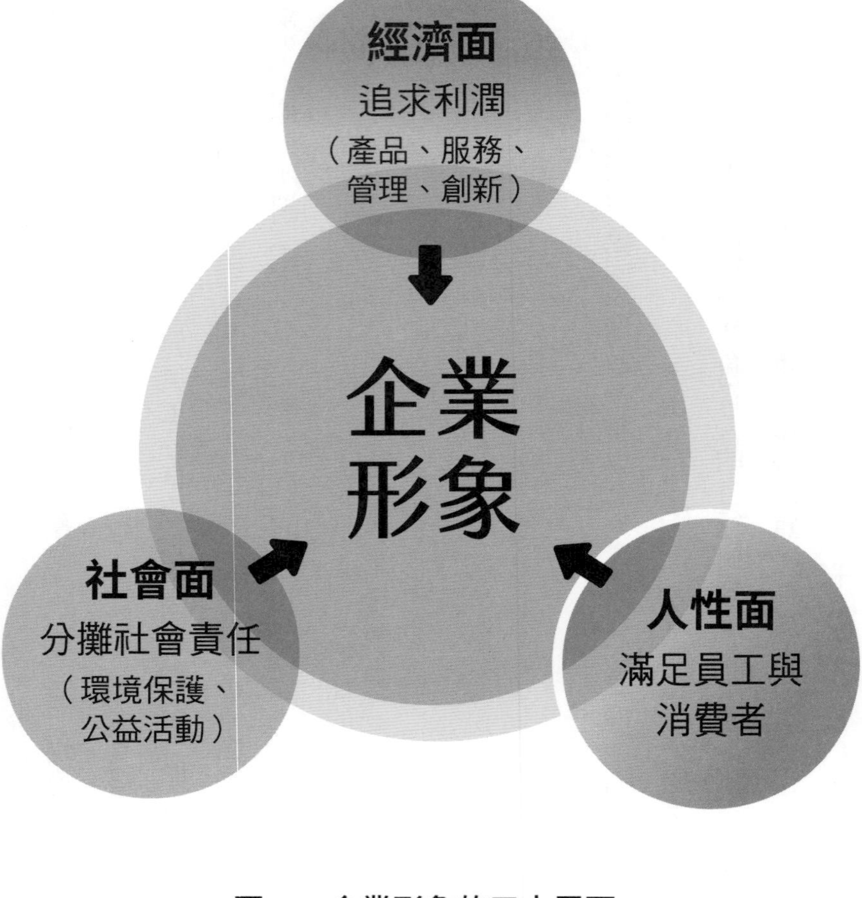

圖一　企業形象的三大層面

自己親屬；不抄襲、不仿冒；不製造公害、不破壞生態；這個企業的完美形象才能一步步地建立。

如果說「羅馬不是一天造成的」，那麼「完美的企業形象」更不是一天所能造成的。如果說「條條道路通羅馬」，那麼通向「完美的企業形象」的道路是由四條道路鋪成的：

- 企業領導人所樹立的原則與徹底貫徹。
- 員工所產生的共識與全力以赴。
- 消費者嚴格的要求與裁決。
- 輿論界公正的報導與批評。

(五)

追求「完美的」企業形象的過程是十分艱辛的。企業要擴展，但要少用自己親屬；企業要成長，但要少併吞；企業要創新，但要少抄襲；企業要營利，但要少貪婪；企業要負起社會責任，但要少露鋒芒；企業要透過媒體傳播自己，但又要少誇大。從這個層次來看，企業形象是水到渠成的結果，也是水漲船高的產品。

如果賺錢的企業沒有良好的企業形象，一旦遭遇挫折（不論是產品滯銷或周轉失靈），立刻容易遭到崩潰的厄運，這種令人嘆息的例子在我國社會已屢見不鮮。反之，企業在賺錢的過程中，負責人士具有遠見，立刻全面提升企業形象，如注重品質、服務、創新等經濟面，以及社會面及人性面（如圖二），那麼這一遠見、這一關注、這一貫徹，就會變成了企業良性循環的原動力。

這一原動力——樹立完美的企業形象——變成了企業求生存的關鍵，更變成了企業求擴展的最可靠保證。

一九八五年七月號《天下》雜誌

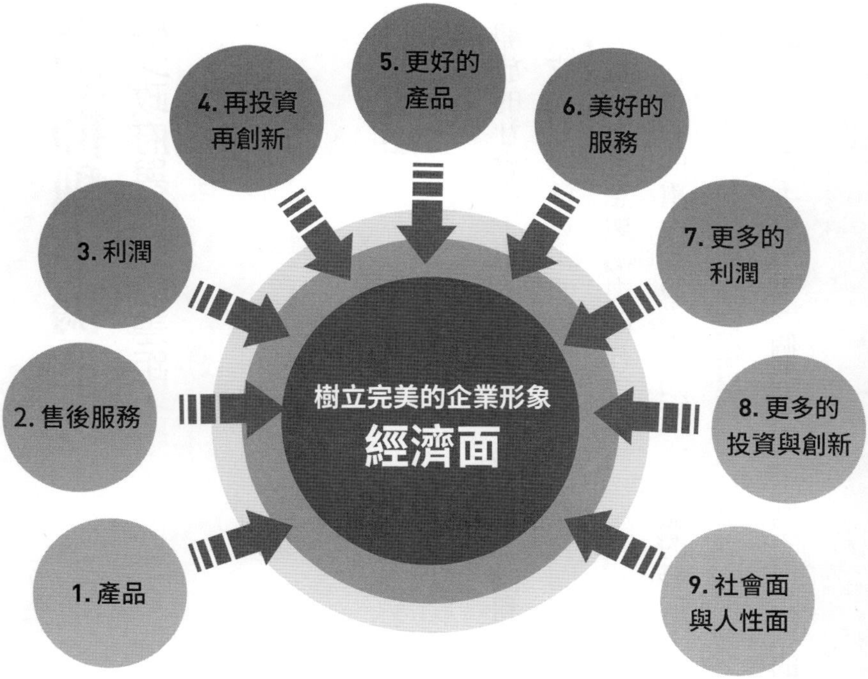

圖二　企業形象是良性循環的原動力

25 白天鵝抑醜小鴨?

——減少政府與民間的差距

首長們的困惑

在開放的社會中，每一位國民，尤其每一個利益團體，對公共事務都會有自己的看法或強烈的意見。如果一個社會沒有公開的爭論，這一定是個既沒有民主與自由，也沒有創意與活力的社會。

歐美社會中的重大政策——如核子武器的發展、社會福利的削減——都是政黨、議會、輿論、利益團體經年累月相互爭辯的折衷。因此，我們會聽到這樣的感慨與幽默：「民主政治是一個拙劣的制度，但是別的制度比它更壞。」

一九八五下半年，美國總統雷根在各州奔波，勸說人民支持他的「稅收改革方案」。

面臨今秋國會大概不會通過的厄運時，他反覆地說：「稅收改革是一齣有英雄也有惡棍的大戲。納稅人是英雄，利益團體是惡棍。」他更大聲疾呼地指出：「稅收改革將使稅收公平而簡單。我實在不懂為什麼我看到的遠景是白天鵝，而利益團體看到的卻是醜小鴨。」

為什麼政府首長所看到的白天鵝，在一些人的心目中卻變成了醜小鴨？這不僅使「偉大的傳播者」雷根困惑，也使我們憂國憂時的首長們困惑。

「無力感」與「信心危機」

幾年前，當「無力感」一詞出現在公開討論中，當時的行政院孫院長認為這是一個誇大的說法。一九八五年十月間，行政院俞院長在立法院答覆質詢時也認為：我國近年來發生了幾起意外事件，但並沒有導致大家談論的所謂「信心危機」

（《紐約時報》於十月二十七日刊出的一篇台北報導中曾引用俞院長這二句話）。

上述兩個名詞，如果不被曲解及誤用，與其說是對政府苛責，不如說是反映民間的焦慮。例如在財經方面，一個新的政策建議幾經各方磋商提出之後，常常由於相關部會的顧慮而擱置；又有些政策未經周密作業而草率宣布；更有些政策只顧到短期的利益而忽略了重大的後遺症。

在政治外交方面，彈性外交的「彈性」到底在哪裡？為了爭千秋，是否要忍一時？幾件大事的處置為什麼不能乾淨俐落，反敗為勝？政府部門與國營事業人才斷層的現象如何補救？

在情勢迷惘之中，我們對首長所具有的自信與定力表示敬意，但值得探討的是：為什麼政府與民間會有這種認知上的「差距」（gap）？

這個「差距」——不論是實質上的或感覺上的——如果長期存在或者逐漸擴大，它會蠶食人民對政府的向心力，進而影響到社會的安定、經濟的成長與「人」、「財」的流動。

政府與民間的差距

三十多年來台灣的經濟發展過程中，政府與民間從來不是對立的；政府的政策與民間的看法也一直是相輔相成的。可是近年來的一些爭論，「小」如彈性休假，「大」如兩稅合一，一面反映出民間參與的熱忱及政府對民意的尊重，另一方面也確實顯示出雙方認知的「差距」。

這一差距來自政府與民間在看法上有相當的出入。這些看法上的出入是指政府：

(1)對某些措施後果的分析欠正確（如低估國際反應）。

(2)對某些事件的裁決欠果斷（如十信）。

(3)對某些人事的安排欠妥善（如駐外人員）。

(4)對某些政策的制定欠周密（如勞動基準法）。

(5)對某些政策的推行欠決心（如自由化、國際化、制度化）。

即使衷心支持政府政策的人民與知識份子，在現況下也不得不焦慮地問：我們的首長們顯然都瞭解這些缺失，但為什麼不能大刀闊斧地革新呢？經過半年討論的經革會決議，到底有多少會立刻執行？多少要再研議？

在歐美社會中，革新之難是因革新來自政府，容易遭到利益團體杯葛。在我國，革新的要求來自民間，政府應很容易因勢利導，開創新局面。

建立共識、減少差距

差距的產生就是因為缺乏共識。

在台灣的中國人求生存、求發展的基本前提是每一個人都要有風雨同舟的共識。這一共識是每一個人來支持政府推行追求全民長期利益的國策。在支持的過程中，有督促、有稱讚、有指責；但沒有中傷、造謠、分化。

在建立這一共識過程中，各級政府首長要開誠布公，廣攬人才，以知識來處理行政事務，再輔以膽識來決定國家大計。

在政治運作上，首長們更要有開闊的胸懷。「一個人的胸襟應像降落傘一樣，在緊要關頭，一定要打開。」

有開闊的胸懷就容易建立共識，有共識，大家就會「英雄所見略同」——所見不再是醜小鴨，而是白天鵝。

一九八五年十二月號《天下》雜誌

26 不再是保母，不再是公僕

——給公務員應有的尊敬

勞瑞筆下的許市長

美國漫畫家勞瑞（Ranan Lurie）塑造的「李表哥」掀起了國內的熱烈反應，引起我更多注意的倒是他去年七月筆下的台北市許市長。許市長是一位極肯用心，而又有現代知識的市長。

勞瑞把市長畫成一位保母，把市民當作搖籃裡被愛護的嬰孩，似乎合乎國情，是一張應當受到喝采的漫畫。我要在這篇短文中指出：隨著社會的進步與所得的提高，政府首長及其他公務員應當扮演一個新的角色：既不應當再是保母，也不應當再是公僕。

「保母」的愛心已無能為力

在經濟發展初期，政府的影響力無所不在，正如一九五〇～六〇年代的我國政府。在這一經濟起飛的階段中，政府的權威鮮遇懷疑，首長的裁決鮮遭異議。此時全心全意為民服務的首長及公務員，一面發揮愛心以保母自居；一面戒驕矜之氣又以公僕自勉，這實在是令人稱讚的自律。

當以保母自居時，政府就要處處「照顧」人民。怎樣來「照顧」人民呢？政府部門就以免費的方式（如義務教育）、補貼的方式（如米農）、虧本的方式（如自來水）、價格少調整的方式（如公用事業費率），以及政府提供的方式（如國民住宅）。在每人所得微薄時，社會上需要這種充滿愛心的措施。

可是，當每人所得已由三十多年前的二百美元激增到今天三千美元時，不僅「嬰孩」已經長大了，同時也富有了。更重要的是：人民已不再要便宜但是擁擠的公車、已不再要便宜而不能生飲的自來水、已不再要便宜而缺乏水準的國民住宅……。三十多年前，只要「有」——有公車坐、有自來水喝、有學校上——就可以令人民滿足，現在則要追求生活的高品質。

人民較多的需求與較高品質的生活方式，在現代社會中，已無法只靠保母的愛心就可以全面提供。

「公僕」不應難為

如果「保母」象徵著愛心的奉獻，那麼「公僕」就代表著自我的犧牲——不計毀譽，任勞任怨。我們也許可以要求少數的首長應當具有這種高度的愛國情操，但不應當希望大多數的公務員再是公僕。

現代社會中的公務員不需要再有「公僕」的謙卑與犧牲，而要能：(1)公正地執行公務，(2)公平地對待人民，以及(3)公開地與各界溝通。

當首長及公務員不再以公僕自勉時，全國人民怎麼再能夠要求全國公務員繼續犧牲？各級政府的公務員就容易爭取較好的待遇、較合理的工作環境、較優厚的退休金。

三十多年來，我國的公務員一直以保母之心照顧人民，又以公僕之心約束自己。現在是全國人民對他們提供合理報酬與應有尊敬的時刻，特別是較高職位公務員偏低的待遇，根本不能與其政治責任與心理負擔成比例。

執行公務的人員仍然可以充滿了愛心及自謙，但人民要肯定他們的人格、地位與貢獻，提供必需的資源，使「公僕難為」變成一個歷史的名詞。

現代社會中的對稱

當行政首長修正了保母心態及公僕自謙時，他們即是不再以傳統的方式來照顧人民或者對待自己，而是要以現代社會中權利與義務、享受與代價、服務與成本，要求與參與對稱的方式來推行政務。他們應當以理直氣壯的口吻告訴大家：

人民有應得的權利，當然也要善盡義務；人民有應得的享受，當然也要提供代價。人民接受各種服務，當然也要負擔合理成本；人民提出各種要求，當然也要自己參與。

讓保母獨自費心、讓公僕獨自辛勞的時代已經過去了。這就是說：保母不是聖誕老人，公僕也不能做無米之炊的巧婦。也正因為人民必須要付出更多的代價，人民也就更有權利要求政府部門講求優先次序、行政效率、成本效益……。

如果保母與公僕的心態延續，人民就會理所當然地接受照顧，民意代表也就理所當然地反對任何成本的分擔，政府部門在處處約束下，只能提供便宜但低品質的服務，當年的一片愛心，變成了提高生活素質的阻力。

保母心態的消除，政府就容易把人民的權利與義務放在天秤上；公僕自謙的修正，可以使公務員在小康的社會中得到應有的——但遲來的——尊敬。

有了受人尊敬的公務員，才容易產生受人尊敬的政績。

一九八六年二月號《天下》雜誌

27 如何對抗自私與短視

自私與短視

當我們冷靜地觀察社會上的病態時，這些病態的主要根源來自一己的自私與短視。因此，在虧本的公司中，有賺錢的老闆；賺了錢的老闆又不肯從事研究與發展。

當我們擴大視野分析國際間的摩擦時，這些摩擦的主要根源也來自一國的自私與短視。因此，當世界各國認為日幣與美元的匯率在做合適的調整時，日本的在野黨要中曾根內閣總辭；當開發中國家需要靠貿易來賺取外匯時，歐洲與美國卻以保護主義來對抗。

這種斤斤計較一己利益與本國利益的態度，造成了國內的爭執與國際的緊張。在這種混淆局面中，對抗自私與短視最有效的武器，就是要提倡一個重要的理念：「遠見」。

後遺症來自短視

民主社會中，各種決策常是各種利益團體自私與短視妥協以後的產品。正因為這種妥協，就必然遲早帶來可怕的後遺症。愈缺少遠見的決策，其後遺症愈可怕。

因此，在世界各國所屢見不鮮的是：今天在國會掌聲中所通過的一件法案，常常變成了日後大家爭論的根源。要減少後遺症，就必先要去除短視。

具有遠見的決策，儘管在釐訂過程中會遭受誤解、反對，但一旦全力推行，不僅有助於當前問題的解決，更有助於未來問題的紓解。

如果「只掃自己門前雪」表示自私，「做一天和尚敲一天鐘」表示得過且過，那麼「前人種樹，後人乘蔭」正可用來描述遠見能帶給後代子孫的一種境界。

決策的重要法則

遠見既然這樣重要，但是要把它變為決策的基本法則卻有層層阻礙。

除了前述的自私作祟之外，第一個阻礙來自**現代知識的缺乏**——二十多年前外匯短缺時，「愛用國貨」是愛國的，可是在當前外匯積存過多的情況之下，再不肯加速開放國內市場，實在是落伍的表現。現代知識告訴我們，國際貿易與國際利益是雙邊的，任何一方無法不正視外匯累積過多帶來的負面影響。

第二個阻礙來自**傳統教條的束縛**——任何共產國家都知道，要解決他們的經濟問題，就是要大幅度修正僵硬的共產教條。在無法衝破這一束縛之下，共產國家就陷入「軍事強國，經濟侏儒」的深淵，人民就變成了犧牲品。

第三個阻礙來自**利益團體的反對**——幾乎稍具長遠眼光的決策，不論增訂一項法令、減低一項產品關稅，或者開放一個產業，都會遭遇利益團體的反對。這一時刻，首長要勇敢地據理力爭，輿論要公正地報導，消費者更不可只做沉默的大眾。

第四種阻礙來自**當事者缺少決心**——任何有遠見的決定，小至一個小家庭、一間小商店，大至一家大廠商、大機構，都要有擔當來承擔調整的痛苦。例如為了做一個好父親，決定戒賭；做一個好老闆，決定不逃稅；做一個好首長，決定調換有苦勞而無功勞的老人。可是，這種調整實在需要大魄力。

第五種阻礙來自**不願承擔風險**——具有遠見的決定勢必改變現狀、遭遇風浪，而維持現狀是沒有風險的。在得過且過的心理下，在蕭規曹隨的原則下，在人云亦云的低姿態下，大家只能見到虛浮的安定，而犧牲了持續的進步。

幾個顯著的例子

儘管有遠見的決策這麼難得，但是在我國四十年來的進步過程中，仍有不少顯著的例子：如果二十多年前沒有先總統蔣公毅然決定推行九年義務教育，哪來今天豐富的人力資源？如果沒有十餘年前，經國先生排除萬難，推動十大建設，哪來今天較健全的社會基本設施？

其他的例子如陳誠實施土地改革、蔣夢麟提倡人口節育、李國鼎推動資訊發展、高玉樹規畫都市建設，以及民間的吳美雲創辦《漢聲》雜誌、林懷民推動雲門舞集、中華民國消費者文教基金會推動消費者運動。

形成對抗短視的巨流

我們不要「眾人皆醉，唯我獨醒」這種屬於少數人的遠見，我們要社會上形成一股對抗自私、短視的巨流，把這一觀念納入大決策中，也納入小決定中。

當政府首長有遠見時，我們的國策才不會故步自封，才可能突破。

當工商界有遠見時，工商界才不會急功近利，才可能創新。

當社會大眾有遠見時，整個社會才不會甘於小成，才可能提升。

在這富裕安定的小康生活中，如果人在福中不知福，這是由於缺乏認知；如果居安而不思危，那就是缺乏遠見。在今後的時空中，遠見是我們最需要的理念。

一九八六年六月號《天下》雜誌

第三部

共懷遠見

栽植觀念之樹

不少人以橫掃千軍之勢，「貪」正變成了當前台灣最流行的標誌。它凸顯出人性的弱點，也反映出急劇轉變中，台灣的嚴重病態。

不少人貪財，才有一波又一波的股票與房地產的狂飆。

不少人貪權，才有一陣又一陣明爭與暗鬥的浪潮。

貪名，才有一次又一次的脫序賽與脫衣秀。

因此，有人歸結：今天的台灣，上層階級在玩權力遊戲，其他人在玩金錢遊戲。也有人因此而推論：在台灣有了權就會有錢；有了錢遲早也就會有權。如果這種推論正確，那麼權力與財勢的合縱連橫，已經為台灣埋伏了腐化的地雷。

財富、權力、名位，在民主社會與市場體系之下，是推動個人進取與社會進步的重要動力，它們應當得到肯定。但是，在追求的過程中，要有三項規範：

1. 不能不擇手段。
2. 不能過分熱中。
3. 不能人人強求。

如果不擇手段，其結果是社會沒有是非；如果過分熱中，其結果是風氣敗壞；如果人人強求，其結果是人心險惡。

——高希均 於一九八九年五月

28 為下一代子孫的幸福投資

缺乏「根」帶來納悶

今天很多政府的措施與民間的打算都沒有「根」，膚淺的現象令有識之士納悶。「扎根」的過程常常漫長、艱辛而又鮮為人知，就如當年的榮民一步一步、一寸一寸地開闢橫貫公路一樣。

扎根雖不會立刻得到選票與掌聲，但必能贏得後人的喝采與尊敬，例如：

教育的扎根：令子女懷念的雙親，不是遺留下最多的財產，而是在清寒的家境下，仍然使他們受到了完整的教育。沒有這些肯自我犧牲的父母親，今天就少

十大觀念十大樹幹
支撐你我的生命之樹

▲在「知識跨年春天饗宴」中，高希均提出「生命之樹」十大觀念。

了郭為藩、許水德與孫震等人在社會上的貢獻。

品牌的扎根：令社會稱讚的企業家不是靠仿冒或者模仿致富的，而是靠自己的毅力創立中國人的品牌。沒有這些肯冒險的企業家，國際上就聽不到來自台灣的肯尼士（網球拍）、普騰（電視機）與捷安特（自行車）。

一石兩鳥的政策

要打破當前的沉悶局面，就要切切實實地在各方面扎根。我們要向政府建議的「扎根」工作，也正是一石兩鳥的政策——不僅可以有益地消化當前社會上所擁有的龐大儲蓄，更是在為下一代子孫的幸福投資。

這個扎根的政策，就是未來幸福的投資，也就是最近大家一直呼籲政府部門要增加的公共投資。在當前自由世界風起雲湧的民營化趨勢之下，各國人民都要求政府減少對經濟活動的參與（如出售國營事業）及減少政府的干預（如削減過多的法令），但仍然要求政府提供人民一個合理的生活環境。在我國的國情下，一個合理的生活環境應當包括良好的治安、便利的交通、清靜的住處、安全的食物、相當完備的休閒與藝文活動，以及乾淨的大自然。

可是，事實上，我們這個新興工業國家仍有很多老問題沒解決，也就是私經濟部門進步，但公共部門仍然普遍落後。這種失調是進步中的社會所難以避免的。

進步中的落伍

一九五〇年代的美國社會就經歷過這一場大辯論。當時哈佛大學名經濟學家蓋布勒斯（J. K. Galbraith）就提出「社會失衡說」（social imbalance）——美國社會把太多的資源用之於私經濟（如汽車、電視），太少的資源用之於公經濟（如學校、醫院）。

台灣的社會，今天正經歷著這一社會發展中的失衡：

- 街上有新式轎車，但公車仍然擁擠；街邊巷口停滿的汽車，剝奪了行人走路的自由。

- 人民早已經沒有「吃不起」的貧窮，但有垃圾「吃不消」的煩惱。
- 義務教育行之有年，但某些地區的學校仍有二部制，每班的學生更是太多，教學設備也嫌不足。
- 各縣市有文化中心，但缺乏有意義的活動；正如很多機構有電腦的設備，但缺少設計與操作人才。

這些項目的改善沒有一樣不需要巨大的投資。擴大來說，環境品質的改善、大眾捷運系統的建立、國家公園的拓展，都需要更大的人力與財力。要提供人民一個基本生存所需的生活不難；要提供人民一個有品質的生活實在不易；要提供一個給後代子孫的優良環境更難。

公共投資的多種利益

為後代子孫謀求幸福的重要步驟就是擴大公共投資。公共投資從構想、設計、執行到完成是曲折而漫長的，大眾捷運系統的例子就令人氣餒。因此，公共投資從河川清理、垃圾處理、興建教室到生態保護，沒有一件是容易的事。

為求得規畫的周密及執行的效率，我們建議立即成立一個跨部會的「提升台灣地區生活素質公共投資委員會」，這個委員會可以簡稱為「公共投資委員會」。如果政府擔心又增加了一個新機構，那麼另一個方法就是擴大經建會的權責，賦予監督、追蹤、考核的實權。

在這一巨額的公共投資過程中除了提升生活素質之外，還會產生很多實益：如某些機器設備及技術可以自美國採購或引進，有助於中美貿易逆差的平衡；國內的就業人數、技術水準、經濟活動及政府稅收也會因此而大幅提升；受人批評的過多外匯存底，令人擔憂的過多儲蓄，也可以找到合適的出路；而這種用錢的方式正符合國家的利益與人民的利益。

從政治層面來看，這種公共投資代表政府的信心，在做扎根的工作；又表示了政府的決心——在為這一代的人民及下一代的子孫，謀求持久、共同的幸福。

公債與赤字的恐懼

很多的政府措施常常面臨利弊的權衡，而在這一公共投資上，政府的這一選擇只會產生利而沒有弊。唯一需要克服的是心理上的聯想與恐懼、因公共投資而發行公債，因發行公債而產生赤字，因赤字而引起物價上升。這一種歷史上的聯想與恐懼是多餘的。當前我國經濟體質與財政收支與過去在大陸時發生通貨膨脹的背景完全不一樣。

財政赤字是否會變得不可收拾，受很多因素影響。其中包括了它的數額，以及與國民生產毛額及政府支出金額的比例。

中共對赤字及外債同懷恐懼。剛自北平訪問回來的一位院士說，一個中共負責人告訴他：「台灣的外債低、赤字低，南韓的外債多、赤字多，但是台灣的成長率比韓國高。因此，我們也要外債少、赤字少。」

這位院士回答：「台灣的婦女穿洋裝，大陸的婦女穿毛裝，因此大陸的婦女只要改穿洋裝，大陸就可有高成長了？」那位中共負責人最後終於瞭解到，經濟上的推論以及因果關係是很容易被誤用的。

也正如趙耀東先生最近所指出：「公債運用如過於保守，將失去財政政策的彈性；當前美、日等國公債發行額占國民生產毛額比例，均已超過四〇％以上，固不足為例。但在我國，該比例尚不及二％，實失之於過度保守。」

對幸福投資

在一九六〇年代，美國媒體提倡「地球日」（Earth Day）時，大家聽到了扣人心弦的一句話：「我們只有一個地球。」

在一九七〇年代，韓國大舉外債的時候，韓國政府說：「我們沒有時間遲疑，今天的不投資，就是明天的錯誤。」

在一九八六年，台灣「坐困銀山」的時候（引用鄭竹園教授語），全國人民要大聲疾呼：「我們只有一個台灣，我們沒有時間遲疑。」

全國人民累積的外匯與儲蓄，不應做守財奴式的窖藏，也不需要慷慨讓外國人使用，應當全心全意用來提升這一代人民的生活素質，以及下一代子孫的幸福。明天的幸福，可以透過今天的公共投資來獲得。

一九八六年九月號《遠見》雜誌

29 不能打折扣的公信力

歸咎於「新聞扭曲」

正當雷根赴冰島與戈巴契夫（Mikhail Gorbachev）會談前夕，美國國務院發言人卡爾布（Bernard Kalb）於十月八日突然宣布為了要維護公信力而辭職。根據《華盛頓郵報》報導，辭職的原因是白宮的國家安全委員會曾在八月以新聞扭曲（disinformation）的方式來對抗利比亞的格達費。所謂新聞扭曲包括了散布不實新聞、提供虛假情報、利用媒體報導。他的辭職立刻變成了《紐約時報》頭條新聞。

這位曾經在《紐約時報》、哥倫比亞電視公司擔任過採訪的資深記者，一直有他的新聞信念及良好信譽。將近兩年前，他接受了國務卿舒茲（George Shultz）的邀請，去擔任國務院發言人。當他從新聞記者變成國務院發言人時，舒茲與他商定的工作原則是：「不說假話，不誤導媒體，在不違反國家安全的原則下，盡量坦率。」他說：「接任以來，我一直遵守這個原則。」

舒茲的看法

美國官方認為：面對這個以恐怖手段傷害美國人民的利比亞，難道政府不應當採取各種對策——包括「新聞扭曲」的策略嗎？

雷根總統對「新聞扭曲」的答覆是：「在我們這邊從來沒有說過謊。」他否認這一事實。這又引起《紐約時報》專欄作家賽法爾（W. Safire）強烈的指責：「掩飾真相比犯法本身更嚴重。」

國務卿舒茲則認為：「如果我是一個老百姓，從新聞上知道我們正想辦法去迷惑那些傷害美國人的恐怖份子，我會說：『我真希望是真的。』」他更進一步引證邱吉爾說過的話：「打仗的時候，實情是那麼珍貴，必須要靠謊言來保護。」

雖然堅守新聞道德的卡爾布仍然稱讚舒茲的尊嚴與勇氣，但是他認為：「任何傷害到美國政府可信度的言行，都傷害到美國。」他更相信，美國政府的公信力是不能被打折扣的。

「不合則去」的例子

曾擔任美國國務卿的艾契遜（Dean Acheson）把國務院形容為「最難以加入的組織」，官員的辭職也常被形容「為良知而爭」。

在美國這個多元化社會，有才華的人有各種出路；而且一旦離開公職，進入民間企業，薪水一定更高。正因為有各種出路，政府首長既不需要為五斗米折腰，也就更有據理力爭的勇氣。近十年來，美國政府中有幾個因政見相左而辭職的著名前例：

一九八〇年四月：國務卿范錫（Cyrus Vance），因反對卡特營救伊朗人質而辭。

一九七四年八月：白宮發言人德赫斯特（Jerald terHorst），因反對福特給予尼克森無條件赦免而辭。

一九七三年十月：司法行政部長理查森（Elliot Richardson），因反對尼克森要他撤換水門事件的特別檢察官而辭。

一九七三年八月：副助理國務卿，因反對季辛吉擔任國務卿而辭。

這些辭職都在表白自己的立場，提出自己的抗議，引起公眾的辯論。卡爾布的辭職也可做如是觀。美國社會中，首長們有「不合則去」的選擇，正是民主政治與富裕社會中令人嚮往的一個特色。

我們的國情

在我們的政治運作中，部會首長有因某一突發事件辭職的例子，但幾乎找不到首長因政見不同而辭職的例子，也找不到首長因有特殊見解而被任用的例子。

在當前要全力貫徹自由化與國際化時，如果「推動什麼樣的政策，需要什麼樣的人才」，那麼，相關部會的部長、次長、局長、司長都要有這種共識。如果經濟部次長出缺，任用的一個先決條件就是新任次長是否有這種強烈共識。

部會首長是政務官，政務官就要有識見、有政策、有擔當。在權責範圍內該做的決定，就不需要請示。「合則留，不合則去」應當是一個開放社會從政的基本準則。首長們要有因政見不合而辭職的選擇與勇氣，層峰也要有接受辭職的氣量與體諒。面對美國政府公信力受到腐蝕時，作為一個美國公民，一個國務院發言人，一個新聞記者，卡爾布面臨了痛苦的選擇：讓自己變成沉默的一份子？或者接受不抗議的默認？他最後的決定是以辭職來表示「溫和的不滿」。

賽法爾稱讚卡爾布雖已不再是國務院的發言人，但他已變成追求真理的美國人民的發言人。卡爾布辭職以後面臨了一個新的難局：如何在一籮筐爭相聘請的工作機會中做最佳的選擇。

一九八六年十一月號《遠見》雜誌

30 人才是一切的根本

怎麼可能沒有人才？

台灣經過三十多年的社會安定與教育進步，怎麼可能沒有人才？只是有權的人沒有用心地去發掘人才；更沒有無私心地去任用人才。這個責任在政府的負責階層，也在民間的負責階層。無論在政府機構或民間企業，最受到重用的人，仍是來自自己熟悉的圈子——家屬、同鄉、同志、同學。

政府部會中有一個重要職位出缺時，一面是物色不到公認為最合適的人才，產生了人才到底在哪裡的疑問；另一面是被任命的人才，大多數都有特殊的淵源或背景，又產生了一般人才難以出頭的慨嘆！最常見的是這個社會似乎就只有這些人才，除了退休以外，換來換去就是這些人。金融界的人事調動就是這麼一個寫照。

當前大家所關心的所謂人才斷層現象，所反映的不是台灣人才的真正缺乏，而是政府與民間的負責階層沒有全心全意地加速提拔新的人才，重用新的人才。如果任何一個公家或民營機構，因為負責人之不再負責，立刻形成領導危機，那麼這個負責人要負最大的責任。例如王安電腦公司發生營業衰退，仍要請創辦人王安再度出來主持，與其說這是對王安能力的肯定，不如說是對王安過去所做安排的否定。

今天台灣是處在一個「事在人為」的變局中。所需要的不再是謹懼得不敢冒些風險、守成得不敢有所突破的人。可惜的是，政府機構與民營機構同樣缺少敢冒些風險、敢有所突破的人。因此，政府有權，不敢充分發揮，大刀闊斧地來革新；企業有錢，不敢充分利用，大量地投資來使經濟升級。

突破性人物是可以開創新局面的。我們需要盡各種努力，使政府部門與企業界有一群突破性人物出現，來改革、來創新。

無私才能有遠見

幾年前的宋楚瑜先生以及最近的趙耀東先生都強調：有什麼樣的國民，才會有什麼樣的國家。如果社會上全是短視的國民，怎麼可能產生有遠見的國家？

一個人的遠見——能見人所未見，能言人所不敢言，然後再推動人所不敢推動之事——來自知識、來自體認、來自勇氣、來自無私。「無私」在現代社會中變成愈來愈珍貴的美德。

一旦存有私心，不論是政府首長或企業領袖，就只能相信自己的親信，就會把用人限於極小的圈子，就會想出各種辦法來對付人，就不敢鐵面無私地來做事。

如果「無欲則剛」，那麼「無私」才容易產生遠見。

在蔣公百年誕辰紀念會上，蔣夫人勉國人「無私無我擔重任」，實在是切中時弊而又語重心長。

改革並不那麼難

由於負責人的調動常常是那一群熟悉的名字，使大家低估了一個真正有才華、有操守、無私心的新人擔任主管時可以做的改革。事實上，改革並不那麼難。試舉三個假想中的例子：

例一：一位以身作則的新任科長，不准同事代簽到，不准上班時間處理家事（從理髮到安排牌局），及不准收紅包，公事要認真迅速而公平地處理。

例二：一位勇於革新的大學系主任，立刻設法聘請優秀的教授，調換不負責的授課老師，增設符合學生需求的選修課程，要求導師增加與學生的溝通，多開系務會議增加溝通，舉辦系中學術活動，鼓勵同事從事學術研究等。

例三：一位熱中於推動自由化的新任財經官員，就會想出各種辦法來克服困難，而不是重複人人皆知的藉口來延誤自由化的進行。

這三個例子，尤其前兩個例子，幾乎可以在他們本身的權責之內立刻推行，得到實益的將是無數的民眾與青年學生。

由於自由化推行的一再延誤，即使沒有菸酒談判破裂的藉口，美國遲早終會找到其他的例子來提出貿易報復的威脅。

沒有見到人才大量培植

一九八六年已近歲末，在這一年中，我們並沒有見到人才的大量培植，以及人才的發掘，更沒有見到新人才的大量重用。教育部四位司長的任用，是一個可喜的發展，但以整體人才任用觀點來看，一九八六年是平凡而又平淡的一年。

要打破今天政治上的爭論，如制定新國家安全法、開放黨禁與開放報禁；要推動國家財經大計如自由化與國際化；要提升全民生活素質如加強基本建設及防止公害，政府部門就要任用一批擁有遠見、熱忱、無私的新人才。

目前的負責首長，有一些太小心翼翼，只求維持現狀；有一些知道改革不易，也就有各種藉口；有一些明哲保身，在原地踏步。

在人才棋盤上，如果一位人才被放錯了位置，不僅當事人十分痛苦，受到才華不能發揮的委屈，更使整個國家遭受損失，因為最無法補償的是失去的時間與人民對政府的信心。

以目前政治與經濟局勢來推論，一九八七年將是更多爭論、更為艱困的一年。關鍵時刻就需要做一些非傳統的決定：用人不要再拘泥於省籍，或者黨籍，或者學位。用人愈少政治性的考慮，也就愈容易用到真正的人才，社會上也就會愈少聽到「用人不公平」的責難。

人才是一切的根本，掌握著我們國家的命運。

一九八六年十二月號《遠見》雜誌

31 如何贏得國際尊敬

在今天的國際情勢中，島嶼經濟很難變成經濟大國。日本是一個不易模仿的例外。這個例子使日本人民付出了極大的代價，使日本的國際形象一再受到嚴厲的指責。

在台灣的中華民國，除了地理因素的限制，更由於自然資源的缺乏、國防支出的龐大、人口的壓力、外交的艱困，很難在國際舞台上扮演一個重要的角色。但是，全國人民如果下定決心，我們可以把自己的國家，塑造成一個受人尊敬的國家，正如小而精緻的瑞士與瑞典一樣。

要贏得國際上的掌聲，可以靠點的突破（如當年破世界紀錄的紀政女士）；

要贏得國際上的尊敬，則需要全面的進步。

中華民國靠什麼才能贏得國際上的尊敬？

——不能靠產品的數量與仿造，要靠產品的品質與創新。

——不能靠別國市場的開放，要靠自己市場的打開。

——不能靠戒嚴法、黨禁、報禁，要靠這些限制的解除。

——不要與中共的貧窮比，要與工業國家的進步比。

——不要只重經濟成長，要注重生活素質。

——不要炫耀賺錢的本領，要表現用錢的智慧。

這些「不能」與「不要」只是贏得國際尊敬的一些起步的例子。

具體地說，政府與人民要全力做到五項：政治上的民主、經濟上的自由、教育上的進步、生活上的精緻、文化上的復興。

政治上的民主

民主政治是一條崎嶇顛簸的路。儘管路上會有意外，當前的情勢正如已經開上了一條單行道的高速公路，如果執政黨與新政黨都按規矩開，那麼意外就會減少到最低。

執政黨之宣布要盡早解除戒嚴法，並且在三項原則下允許新黨成立，這是民主步伐的加快、政治胸懷的擴大、現實情勢的掌握，受到了海內外人士的稱讚。

執政黨也應立刻宣布報禁開放的時間表，不要再背負限制言論自由的指責。遲開放不如早開放，被迫開放不如自動開放。

一九八七年是我國民主發展史上的關鍵年。台灣有了公認的經濟奇蹟之外，如果在相忍為國的原則下，執政黨與新政黨共同創造一個民主奇蹟，那麼在國際上，中華民國將真正地會變成堂堂正正的國家。

經濟上的自由

過去一年中，最令人失望的仍是自由化與經濟化的步伐太慢，我們外匯存底每增一分，就多一分責任來履行國際競賽規則。

政府與企業界再也不要有雙重標準——一面靠大量輸出賺取外匯，一面又以各種說辭不肯開放國內市場。一個被人稱讚的新興工業國家不能再以當年貧窮時代的做法活躍於世界市場上。

國內的產業經過了三十多年的保護，使消費者一直默默地承受著「價格不低、品質不高」的犧牲。開放國內市場，增加產業競爭，是政府與業者重視消費者利益的第一步。

市場的開放，當然會帶來衝擊。這種衝擊就是適者生存受到嚴厲考驗的天秤。政府可以訂定時間表或其他方式來緩和這種衝擊，但再也不能不把自己宣布的國際化變成具體行動。

在自由化與國際化的起步中，政府部門應當以身作則來推動民營化——出售部分國營事業（如菸酒）；減少自己的獨占，准許民間參與提供（如民間創設銀行）；政府提供的部分服務（如圖書館）可由招標方式讓民間來管理。

如果俞內閣不再加快步伐，三十多年來他參與締造的經濟奇蹟，將會變成一個歷史名詞。

教育上的進步

一個國家會因大量軍事支出，使一國經濟陷入窘境，如今天的蘇聯；但沒有一個國家的經濟因大量教育投資而破產。

在我國社會，從沒有人不同意教育的重要。但是，實際上，教育經費的支出雖年有增加，但仍然太慢，家長對學費的負擔，總嫌太重。

大眾媒體仍然熱中於報導新大學的設立，而缺少對目前公私立大專院校水準的探討。如果水準參差不齊，癥結在哪裡？是政府經費不足，還是學費太低？是限制太多，還是審核不嚴？

今天教育自由化與經濟自由化一樣地迫切。我們認為在當前情況下，政府應當把辦教育的大門敞開，鼓勵私人興辦各級各類學校。這樣的做法可以減少政府的負擔和升學的壓力，並且可以增加學生讀書的機會。

為了避免辦學店的可能性，應當訂定嚴密的規章，並且嚴格地執行。但應當允許優良的公立學校及私立學校，徵收彈性學費，提供較佳的品質。當前統一學費的政策，無形中在鼓勵學校提供低品質的教育，並且給辦學不認真者一個無法辦好教育的藉口。

從長期來看，教育的進步影響一切的進步。教育與國防是同樣地重要，讓教育經費逐漸趕上國防支出。

生活上的精緻

生活在台灣不再是為了活，而是要使自己活得有光采、有價值。

貧窮與災荒雖然早已遠離我們，但要接近一個現代化國家的精緻生活又何其遙遠！

在快速的工業成長中，台灣在生活上所面臨的危機是「衣食足」之後所帶來的——空氣的渾濁、水資源的汙染、自然生態的破壞、犯罪的增加、高齡人口的安置、人際關係的淡薄……。

政府、業者與人民必須共同結合起來，即刻展開對公害的補救與環境的改善，並且推動精緻的生活——重視藝文活動、提倡正當休閒、減少炫耀性的消費。近年這三方面已逐漸深入人心。如果再能積極推動五年前李國鼎與孫震倡導的「第六倫」，生活精緻化將更容易落實。

文化的復興

中東石油輸出國家一度靠財富受世人羨慕，中華民國則要靠持久的文化資產才容易受世人稱讚。

文化不應當是先人遺留給這一代的包袱，束縛住我們的思想與言行，而應當透過謹慎的過濾，使先人珍貴的遺產放射出不朽的光芒。

中華民國一直是中華文化的維護者。我們這一代應當全力把今天文化上的成就變成後代子孫所仰慕的文化遺產，同時把歷史上的憂患意識注入當前文化的脈絡中，讓我們變成名副其實的中華文化的復興者。

在過去一世紀中，在國人一心學習西方科技與價值觀念時，中國的人文思想曾經受到排斥、歧視、漠視。今天的台灣提供了一個客觀與安定的環境，中華文化可以在這裡活活潑潑地延續。

西方科技與中華文化的結合，才可以使我們的國家強盛，才可以使我們的人民驕傲。

最好的人民與政府

在台灣的中國人不能得過且過。台灣雖小，但擋不住我們遠大的理想——把這一片國土變成世人所尊敬的地區。讓我們把這個理想，從一九八七年全面加快。

在追求的過程中，人民與政府有同等的責任：

人民要守法、盡職，他們不白吃午餐，也不做搭便車的乘客（free rider）。他們是講求權利與義務、品質與代價對稱的現代人。

政府推行民主、法治，用人才、講效率。不靠空放的諾言，而靠實質的政績來獲得選票。

最好的政府所追求的不是永久的權力，而是永久的民心。

最好的人民所追求的不是個人的利益，而是民族的驕傲。

一九八七年二月號《遠見》雜誌

32

三星創辦人李秉喆

——寧靜與堅強

一九八七年初，在芝加哥的一次經濟討論會中，認識了韓國三星創辦人李秉喆董事長的一位近親，他正在史丹佛大學經濟系做研究。李秉喆這位韓國企業巨人一生絕少接受訪問（包括他自己創辦的電視與報紙），經由這位朋友的居中牽線，才促成這次難得的參訪。

一九八七年五月，我由美返台，轉赴漢城停留一週，經過他們細心的安排，參觀了三星十餘個事業群單位，包括了剛成立的半導體廠，及歷史悠久的《中央日報》，先後有二次機會與一次午餐與創辦人會談，是教書以外最有收穫的參訪。這篇專訪刊出後，即由他創辦的《中央日報》轉載。

不幸的是，他不久後因左肺發病劇變，於同年十一月十八日去世，舉國哀悼，享年七十七歲。

——作者附識 二〇二一年八月

沒有漢城（即今日的首爾），韓國就失去了政治中心；沒有三星，韓國就失去了經濟王牌。就像其他開發中國家一樣，一個大企業的創業常常來自一位中心人物，這位中心人物就是被公認為韓國企業巨人的李秉喆。

李秉喆事業的成功就是他切切實實貫徹了他全心全意所倡導的「人才第一」的哲學。在他經營的每一個事業的辦公大樓，最顯眼的地方一定會有他親筆所寫的「人才第一」四個大字。

為了貫徹「人才第一」，他說：「我以五分之四的時間花在對人的瞭解、選擇、訓練以及溝通上。」不論他多忙，每週總要去距離漢城一小時的「三星綜合研修院」。他總是盡量參加新幹部的面試。他的一位重要助理說：「董事長認為他可以從幾分鐘的談話中做個初步判斷。」

用人勿疑，疑人勿用

他很驕傲地追述：一九八五年春天，美國克萊斯勒公司總裁艾科卡（Lee Iacocca）參觀了三星集團之後，非常驚訝所投入的龐大教育費用。三星集團今年將投入相當於十億台幣的訓練費用。這位韓國企業家相信：「世界上沒有別的公司在訓練人才方面會比我們投入更多。」

一九八六年，他又延聘到曾任韓國總理的申鉉碻與副總理的金俊成投入三星集團。一位公司的主管讚佩地說：「只有他的聲望，才能請到這樣的重要人物來我們三星。」

用人擔任重要職位之前，他長期地仔細觀察這個人的才能與品德。一旦任用後就「用人勿疑，疑人勿用」。「對一般性的事務工作，我不懂，也不想去懂。」

他常常告訴客人。因此「責任經營」與「分層負責」在三星企業可以落實。他說：「我本人從來沒有做過批閱公文、開支票等細微的實務工作。」難怪他那寬大的紅木辦公桌上，除了一架孤零零的電話之外，一無長物。

為了要使三星十三萬名員工時刻充滿鬥志及向心力，他以高薪及其他優厚的條件吸引人才。一九六五年李秉喆所創辦的《中央日報》就是一個例子。

坐在寬敞而有書卷氣的辦公室中，總編輯崔鍾律侃侃而談創刊時的「四大最好」——以最好的設備、最好的人才與最好的待遇，來辦最好的報紙。韓國的《中央日報》發行量已達一百五十萬份，為韓國重要的報紙之一。李秉喆的傳記——《湖巖自傳》（湖巖是他的號）就是由《中央日報》出版的，他在辦公室中親自以中文簽名相贈。這本自傳自一九八六年出版以來，已經賣出了十四萬冊。中譯本的書名是《第一主義》，已由天下文化於一九八六年秋天出版。

創辦企業的初期誘因大概是財富居多；當財富愈來愈多時，財富的邊際效用愈來愈小，誘因可能由「利」變成「名」。「名」要被人民肯定，就必須透過對社會的奉獻與對國家的貢獻。

李秉喆在自傳中指出：「我可以只追求個人的享樂，甚至繼續以累積財富為目的。但是，我仍想對這個國家有所貢獻，於是繼續努力探索新的事業領域。」

自一九八〇年代，三星集團的企業完成了飛機引擎的裝備、電子微波爐、韓文和漢字電腦系統、黑白電視機生產突破一千萬台、彩色電視機突破三百萬台、錄影機一年生產三百萬台、開發二五六K-DRAM（動態隨機存取記憶體）成功，及「三星電子」在國外發行公司債等。

激發他一波又一波的創業動力，是他「不落人後的上進心」與「最痛恨的就是輸給別人」。他所謂的「人」不僅是指國內的競爭者，更指日本及其他先進國家。

高科技的衝刺

在他極富東方風味的辦公室中，我們吃著小點心，他一邊慢慢地說：「我不認為在國內稱霸有什麼了不起，我所要追求的是與先進國家一較長短。」這正是他近二十年來走的路。他在接受波士頓大學名譽博士學位時曾指出：「我對事業的信念是：沒有企業，就沒有國家，沒有國家，更不可能有企業。」他同時相信：發展高科技才能使韓國變成一個第一流的工業國家。

七十三歲時，也就是四年前，李秉喆做了一個重大而又冒險的決定：投資超大型積體電路。發展初期，資本大、困難多、勝算低，大部分的日本業者不肯提供技術移轉。後來得到美國的顯微科技公司與日本的聲寶公司提供技術協助，以六個月又十八天完成，在其他國家通常需要十八個月的建廠時間。

在漢城市郊一大片由山坡剷平的寬廣幽靜平原上，屹立著這家「三星半導體通信株式會社」，儼然一個世界一流的高科技中心。廠長李潤雨在展示室、實驗室、生產線一再驕傲地說：「這是韓國進入二十一世紀的里程碑，也是我們創辦人一生中最有魄力的投資。他要使我們韓國成為真正的工業化國家。」

脫掉鞋子，進入一塵不染的實驗室，李潤雨解釋：「我們目前的技術只比美、日差一年。」又低聲地補上一句：「這些實驗室我們是不讓日本人來參觀的。」

▲1986年6月，高希均（左）在韓國的漢城（即今日的首爾）訪問三星創辦人李秉喆

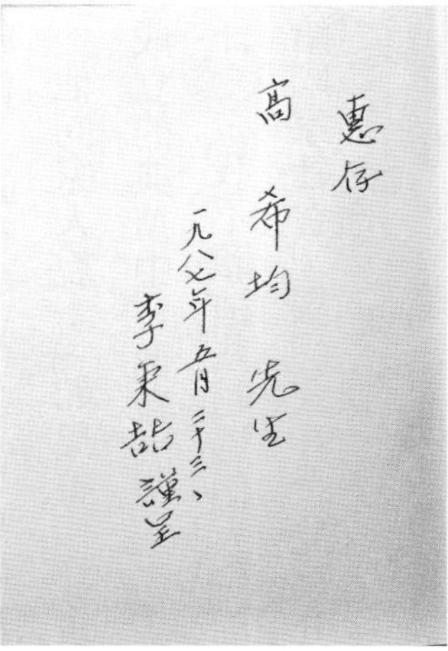

▲李秉喆贈送他的自傳《湖巖自傳》給我，並在扉頁題字留念。

在二十位博士、五十位碩士及九百位學士的努力下，韓國的三星已經成功地開發了二五六 K-DRAM，現已積極發展 Mega DRAM。到目前為止，這個廠還在虧本，但是李秉喆告訴這些具有強烈使命感的三星員工：「我們要是在電子革命中落後，就會永遠淪為落後國家。」他又指出：「一個沒有半導體的國家，就沒有明天。因為半導體已成為所有製品的基本原料，而不是半導體有多大的利潤。」

回饋國家社會

一九六五年，李秉喆在五十五歲生日的時候，宣布成立「三星文化基金會」，作為育才、文化與福利等社會公益事業。他向家人說：「如果整個社會沒有保障，家人的幸福也沒有意義。」在基金會成立的典禮中，他致詞：「……每一家我所經營的公司，都集結了我的夢想與血汗……我不願這些超過個人生活必需範圍之外的財產，繼續為私人占有。把它還給國家社會，讓國家社會能夠充分運用。」

一九七五年，他又開始在他最喜愛的龍仁自然農園，選了最好的一萬五千坪土地，興建美術館，由享譽國際的美國建築師萊特（Frank L. Wright）設計。一九八二年春天落成，成為韓國一座最精緻的美術館。

在一九八四年秋天落成的《中央日報》大樓中，他又提供了韓國最大的畫廊，以及設備最現代化的劇場。

「漢江奇蹟」當然是無數韓國人所締造的，但其中一位重要功臣就是這位三星集團創辦人。半世紀以來，他從砂糖與毛織起家，然後再由肥料、電子、石化、造船、精密機械、航空工業到電腦、半導體、生物工程，三星集團所走過的路，正是一個開發中國家走向工業化的路。

李秉喆的號是「湖巖」。他曾解釋過，「湖」像一池清澈的水；「巖」像一座屹立的石。在遭遇各種經歷與考驗之後，晚年的他，留給訪問者的深刻印象是：心情上，他有湖水的寧靜；意志上，他有巨岩的堅強。

一九八七年七月號《遠見》雜誌

33 知識之宮
——紐約的公共圖書館

現代的圖書館是一個獨一無二的殿堂——從書籍、珍本、信札、地圖、錄音帶、幻燈片、錄影帶，以及其他展示與活動中，可以找到歷史事件的起源與結局、人類活動的悲劇與高潮、文化發展的遲滯與突破、先人行為的愚昧與智慧。圖書館為人類及後代子孫保藏了這些珍貴的紀錄。

紐約公共圖書館公認為是世界上五大圖書館之一，其餘四個則分散在四個國家的首都：倫敦、巴黎、莫斯科及華府。

七十五年來，一億以上的人曾使用過這座圖書館，從受人尊敬的學者到自我進修的平民都是這裡的常客。占地二千九百萬頃的資料，包括了五千年的歷史，分散在三千種語言之中。珍本的收藏包括了十五世紀中葉的《聖經》，哥倫布發現新大陸時的手跡。

它有過輝煌的歷史，也有過寒酸的歲月；現在又再度進入神采飛揚的時候。

知識之宮開始衰退

當這幢費時十年、耗資九百萬美元、公認為最宏偉而又最美麗的新古典建築，於一九一一年在紐約第五大道與第四十二街落成的時候，紐約人自豪地說：「我們也終於在新大陸建造了一座偉大的知識皇宮。」

矗立在這座新古典式建築前的兩頭獅子，就變成了這座知識之宮的標誌。前紐約市長為它們取了兩個小名：「忍耐」與「堅毅」。忍耐與堅毅，正是在財務拮据的歲月中，使這座圖書館重振雄風的兩個必要條件。

七十五年前，「紐約公共圖書館」的名字就引起一些誤解。「紐約」是一個商業中心，能出現世界第一流的圖書館嗎？「公共」不正是表示市政府或聯邦政府在資助這個圖書館嗎？事實上，這是一個民間捐贈多、政府資助少的圖書館系統。

座落在第五大道的中央研究圖書館是紐約公共圖書館的靈魂，這個主館一年近五千萬美元的預算中，只有五分之二弱來自市政府、州政府及聯邦政府的資助，其餘來自民間的捐贈。這個紐約公共圖書館系統經過七十五年的發展，還包括了其他三間研究圖書館及八十一間分館。一九八六年的總預算為一億零五百萬，分館的經費則幾乎全來自紐約市政府。

興建一座偉大的圖書館難，要維持第一流的水準更難。

在一九七〇年代，紐約正如美國經濟一樣面臨困境。中央研究圖書館開放的時間從一週八十七小時削減到四十三小時；雨水透過殘缺的瓦頂，損及六百五十萬本藏書；空調設備的缺乏，影響到珍本的保藏：經費的削減，使珍本的經紀人也不再來問津；長達八十八英里的書架出現了塵埃與蛀蟲；風騷過半世紀的建築也因經年失修而失去了往日的光采。

紐約人對他們一向引以為傲的公共圖書館開始喪失信心。一位歷史學者形容：「連那兩隻大理石的獅子也缺少了『忍耐』的氣質與『堅毅』的威風了。」來尋找研究資料的學者更感受到：「這不再是一座第一流的研究圖書館了。」圖書館裡面的工作人員，也感覺到「末日已來臨了」。

財務情況愈來愈糟，《紐約時報》上出現了整頁廣告：「紐約沒有紐約公共圖書館？如果你不捐贈，就會發生！」

扭轉厄運的新館長

就在這最黯淡的一刻，一個人扭轉了紐約公共圖書館的厄運。這個人就是一九八一年七月接任的新館長（直譯應為紐約公共圖書館館長暨總裁）。在這短短六年間，他奇蹟式地又使紐約公共圖書館變成世界上第一流的圖書館，監督這個發展過程的四十多位董事異口同聲地稱讚他。

近年來，《紐約時報》、《時代》雜誌、《紐約客》等媒體都有專文報導這位扭轉乾坤的英雄。儘管他不是盎格魯撒克遜人，但他已逐漸變成家喻戶曉的人物了。

他就是現年五十二歲的葛雷戈里恩（Vartan Gregorian）博士，一位在伊朗出生的歷史學者。他能說俄語、土耳其語、伊朗語、法語以及亞美尼亞語。接任館長前，他曾在賓州大學擔任過教授、院長及副校長。

誰也不能相信，一九八一年角逐賓州大學校長未成而轉來紐約的他，具有這樣的說服力以及工作的狂熱。而這兩者帶給圖書館的是每年幾千萬的捐款——來自聯邦、州以及市政府；來自基金會、大公司；更來自數以萬計的平民。有了這些捐款，七千八百萬美元的修建工程分期進行了，圖書館的時間延長了，珍本可以收購了，各種文化活動展開了。紐約人說：「睡獅醒過來了！」

董事會的董事長赫斯凱爾（Andrew Heiskell）曾是《時代》雜誌的董事長，就這樣形容過葛雷戈里恩：「他凝合了學術的素養、旺盛的精力、堅強的意志、熱忱、推銷術，甚至一些天真於一身。」

他有過人的記憶力。有一次向《紐約時報》的主編群講述中央圖書館，從頭到尾沒有筆記，但把館中的歷史、軼事、重要的收藏，如數家珍一一說出，使這些經常要靠筆記為生的編輯大為讚嘆。

他的重要助手，也曾經擔任過洛克菲勒特別助理的鄧洛波（Joan Dunlop）女士不得不補充：「他每一件事情都記得住，但只記在腦中，不常寫下來。對我們這些幫忙他處理行政事務的人員來說，這可是一場惡夢。」

他一天工作十四小時，一週至少工作六天，帶公文回家看，晚上還經常要去參加重要的社交活動。

沒有「不能」二字

與他有公事往來的人，無不稱讚他的幹勁與決心。一位董事說：「在他的字典中，從沒有『不能』兩個字。他沒有當選為賓大校長，也許是他一生中最大的失望；但賓州之失，正是紐約之得。」

他當然經常在各處演講，籌募捐款。他最愛用的講詞是：「慈善是基於人類的同情；捐贈是追求高貴的目標。」

「圖書館是一個神聖的地方，它代表全人類保藏完整的紀錄。我們反映世界，我們為全人類服務。無限的知識來源就蘊藏在這裡，圖書館的工作永遠是無止境的，因此，我們毫不難為情地要你來參與、來捐贈……」

他接任館長不到三年，就被媒體尊敬而親切地稱為：「第五大道上有文學氣質的獅子」、「葛雷戈里恩年代的來臨」、「紐約公共圖書館的起死回生者」、「伊朗送給美國最好的禮物」。

無所不在的民間參與

筆者四月中旬在紐約的逗留中，先後去了第五大道的中央研究圖書館兩次。第一次是參觀，第二次是查資料。兩次的經驗都令人滿意。

任何人只要滿十八歲，都可以進來讀書，不需要查驗任何證件。

一踏入圖書館的正廳就看到一個鮮明的標示：「本館星期一、二、三的晚上及星期四全天的開館係由下述五個基金會及一家投資公司捐助。」

另一個醒目之處放了一個透明的玻璃箱，裡面有民眾捐贈的現金與支票，箱子四面明顯地寫著：「國家人文基金會提供等額捐贈。」因此，五十元的捐贈就變成了一百元。

位於一樓左邊的「華勒斯期刊閱覽室」當然是由《讀者文摘》創辦人華勒斯所捐贈。進入宮殿似的閱覽室，四壁掛滿了《時代》雜誌、《哈潑》雜誌、赫斯特報系等著名媒體捐贈的巨幅照片或油畫，這些媒體也因此而得以列名。引導我參觀的一位館員驕傲地說：「我們要讓讀者在完美的古典氣氛下，追求知識的完美。」

二樓的圓形大廳富麗堂皇。圓頂上注有「麥格羅赫爾圓形大廳」，由於這家著名的出版公司的捐贈，大廳才於去年五月恢復了舊觀。

事實上，這個圖書館中的閱覽室、陳列室都是由民間人士、公司或基金會捐助。它的起源本來就是兩個私人圖書館Astor與Lenox、泰爾頓信託基金（Tilden Trust）以及卡內基捐贈五百萬美元建設基金而成立。

目前，除了大公司與政府的捐助外，受到一般民眾熱烈支持的是「捐一本書，變成會員」的計畫。最低的捐贈從三十五美元開始，變成會員後，就可以享受買書打折扣、優先參加展覽或演講等活動。其他的捐贈分類包括了五十元、一百元、二百五十元、五百元及一千元等。

現代化的圖書館當然不再是靜態的讀書與借書而已。它的收藏還包括了藝術珍品、稀有的手卷、唱片、影片、錄音帶、地圖、幻燈片等等。

紐約公共圖書館——四個研究圖書館及八十一個分館，定期舉辦各種活動：演講、特別展覽，並且有專為兒童、青年、盲人、殘障、找工作者、語言進修者、電腦使用者而設的特別服務或訓練。

知識是對付無知的武器

即使在一個稅收較高的美國社會，很多的活動——尤其是文化與宗教——不是靠政府的力量，而主要是靠民間來推動的。

透過主辦機構的熱心提倡，各界人士——特別是基金會與大企業，紛紛參與捐贈。企業的捐贈在現代社會中，不再是一種利人的慷慨，而是一種利人利己的投資。現代的消費者愈來愈注重企業的形象及它所盡的社會責任。

正如葛雷戈里恩所強調：「對自由最大的威脅就是無知。」對付無知最好的武器就是知識。不論是紐約公共圖書館或者台北的中央圖書館，都是公眾的知識之宮。

知識之宮不是僅僅讓公眾來參觀的，而是要自己參與的——參與知識的吸收，參與金錢的捐贈。

一九八七年八月號《遠見》雜誌

34

前有勁敵，後有追兵

——亞洲四小龍飆向二十一世紀

日本也怕他們

一般美國人對東方的刻板印象正經歷空前的轉變，它不再代表窮、愚昧、落後。為東方人建立新經濟形象的功臣首推日本，然後是中華民國、新加坡、南韓與香港。

近十年來，日本幾乎以橫掃千軍之勢，首先在美國兩岸建立起灘頭陣地，目前正推向中西部。所過之處，銀行、辦公大廈、保險公司、地產、百貨公司，無一不在其卵翼之下。美國人民已從佩服日本變成害怕日本了。「日本，本來就是一個又可愛又可憎的國家。」美國的日本通早就下過定論。

「亞洲四小龍」也不再是一個誇大的新聞標題。它們的產品深入美國家庭，從球鞋、球拍、自行車，到電視、微波爐、汽車，都有明晰的產地商標。「如果你不買他們的產品，你就不是一個精明的消費者。」一位美國記者曾這樣寫過。美國的消費者對這些產品，正如對二十年前的日本產品一樣，從輕視逐漸變成喜愛。

在美國媒體上，對四小龍的描述十分生動：

「如果瑞士有棕櫚樹，瑞士就變成了西方的新加坡。」

「香港最能表現出在利潤誘因與經濟自由下的活力。」

「只有韓國人的幹勁才能顯出日本人的懶散。」

「中國人在台灣的表現，可以作為中國發展的模式。」

「比日本經濟成長更快的是四小龍，美國怕他們，日本也怕他們。」

最受西方社會稱讚，有時也令他們困惑的，是這四小龍的經濟活力。

經濟活力贏得重視

今年美國的經濟成長率約在三．二%，而四小龍中新加坡約為七%，其他三小龍都在一〇%上下。

一九八六年，除了新加坡有貿易逆差外，其他三小龍都有順差：韓國為四十二億美元，我國高達一百五十六億美元。

今年上半年，美國從四小龍那裡輸入了二百八十四億美元的產品，比去年上半年又增加了二八%。而在這一期間，韓圜已稍升值，台幣升值更多。「貶值可以減少逆差」的傳統經濟理論正面臨考驗。

四小龍對美國的輸出已不再全是勞力密集產品。最顯著的例子是韓國汽車已經氣勢凌厲地登陸新大陸。今年一月至七月，美國進口韓車已近三十二萬輛，較去年同期增加了八九%。

台灣的外匯開放，逐漸會有更多的台灣資金進入證券市場、地產、服務業，以及與美國人或華裔合作投資於高科技與製造業。台灣高達四〇%的儲蓄率是美國人無法想像的（美國儲蓄率約在四%左右）。台灣接近七百億的外匯，使美國投資公司與大銀行無不躍躍欲試，前來參與資金的運用。

在一九八七年十月號（第十六期）的《遠見》雜誌上，丘宏達教授指出：「沒有武力，不能談外交。」讓我們再補充一句：「沒有經濟實力，既無法有武力，也不能談外交。」四小龍是靠經濟實力贏得美國媒體的重視。在戰後的開發國家中，實在找不出其他國家及地區，能克服那麼多的困難，同在世界市場上占一席之地。

以美國人的民主觀念來評斷，香港是一個殖民地與商港，其他三小龍在民主政治與社會福利上，雖有進步，還嫌太慢。

《推動日本奇蹟的手——通產省》的作者詹鶽（Chalmers Johnson，美國加州大學教授）就在一九八五年春天該書中文版的序言中指出：「在改變政治制度、法規以適應經濟情勢化這方面，台灣的做法即顯得比日本呆板、缺乏彈性。」

台灣的處境更是特殊。在世界一百七十餘個國家中，只與二十二國維持邦交。台灣就靠貿易為主的實質外交在闖天下。貿易正如兩面鋒利的刃，過去逆差太多，令人憂慮：現在順差太多，惹起美國報復。從台灣來看，外在的報復是要比內在的憂慮好些。

美國人的自省

在美國龐大的貿易逆差下，日本、南韓與我國就變成了箭靶。美國人要求減少有形的關稅、解除無形的非關稅壁壘、打開國內市場——這並不是空穴來風。當這些國家的每人所得低、外匯短缺的時候，美國可容忍一些不像貿易大國的作為。現在這三個國家不得不把國際貿易變成「公平」貿易。

對付美國壓力方面，我們沒有韓、日的實力。最近一年來，我國在貿易政策方面的開放，值得肯定。這是利己也利人的政策。在關稅下降、產品輸入限制解除的情況下，一千九百多萬的消費者終於可以買到一些品質好、價格合理的消費品了。即使在開放過程中，一些法令與作業無法及時配合，這一調適的痛苦是值得忍受的。

美國的有心人正在自省：這四小龍都沒有自然資源，都依靠外國科技與國際市場，尤其台灣與南韓還有龐大的軍事支出，怎麼可能自一九七三年以來，他們的每年每人所得平均成長率高達六％，而日本只有三％，美國與西歐則低於二％？

美國人概括性的解答是：他們有勤奮與廉價的勞工，他們有全力促進經濟成長的政府支援——如維護市場經濟的香港、獎勵產業發展的南韓與台灣，他們更有強調教育與節儉的儒家思想及強調勞資合作的容忍精神。

這一解答正給美國競爭力的下降提供了重要的線索：勞工要勤奮、罷工要減少、工資上升要合理、財經政策要配合經濟發展、儲蓄不能太低、消費不能過度、教育是一切發展的根本……。

面對四小龍的快速經濟成長，近年美國的政治領袖也提出了令人深思的看法：

- 高雄是台灣的工業大城，何以在那裡看到蓬勃的工業，但看不到藍天，也呼吸不到新鮮的空氣？台灣已變成了一個產品的大倉庫。
- 韓國的大企業已出現在世界大企業排名中，但成長帶來的財富沒有擴散到勞工階層。最近的罷工，顯示勞工已經發出爭取權益的重要訊號。
- 香港是全世界最令人嚮往的購物天堂，但香港人的精神生活在哪裡？
- 新加坡政府的高效率難以仿傚，但你願意生活在一個一切都為你安排得井然有序的社會中嗎？

《紐約時報》記者派索（Peter Passell）在〈四個亞洲經濟在趕上日本〉一文中的最後結語是：「經濟發展不只是外銷更廉價的、更多的汽車與錄音機而已。」

派索的結語正可與台灣有識之士的憂慮相互呼應。台灣這棵經濟大樹，是否因賭錢、賭命、賭品格而造成了根部的潰爛？（參閱第十六期《遠見》雜誌）

四小龍在全力追求經濟成長的過程中，確實忽視了環境的保持與生態的維護。此外，政治民主與社會調適的步伐也都趕不上經濟的進步。

在經濟成長上，今天不做，還有明天。

在環境保護上，今天不做，根本就沒有明天。

美國生態運動者最喜歡講的一句話是：留給下一代子孫最珍貴的遺產，就是一片乾淨與美麗的大地。

東方人的自處

美國總統雷根也宣稱過：「二十一世紀是太平洋世紀。」太平洋地區除了美、加、澳、紐之外，亞洲的日本與四小龍將會扮演更重要的角色。站在一個東方人的立場，我認為：

第一是這個角色不應當只是經濟的角色——過多的產品輸出，過多的外匯累積；應當要把本來外銷的部分資源轉移到國內，來提升自己國人的生活素質。富而好禮的社會要大量的公共投資才能建立；同時，要向西方灌輸東方的文化、價值觀念。西方科技與東方文明的結合，會帶來更美好的世界。

第二是這些東方國家應當像剛簽訂自由貿易協定的美國與加拿大一樣，認真地考慮籌設太平洋地區的自由貿易區。美國是這一地區的軸心，日本、新加坡、中華民國，甚至中國大陸都公開或私下表示樂意與美國磋商設立自由貿易區。多邊的協定會產生更多的共同利益，台灣的企業領袖如辜振甫先生應更積極呼籲。

第三，日本與四小龍應當提供部分資金技術來協助亞洲地區的鄰近國家發展。被貧窮包圍的富裕之區不僅是孤立的，而且也是危險的。

東方人應當把亞洲變成像歐洲一樣，使其他的亞洲落後國家掙脫貧窮。東方國家不要只求比其他東方國家突出，而要使所有亞洲國家在世界舞台上，與歐美國家相比時也突出。

財富與智慧結合

亞洲四小龍一直在前有「勁敵」（如日本）後有「追兵」（如馬來西亞）

下，求生存、求發展、求繁榮。「勁敵」的優點正是追求的目標，「追兵」的壓力正加速了調整的步伐。

事實證明：它們在前後夾殺中有本領可以活得更好，現在則需要活得更有意義。活得好只要有財富；活得有意義，就需要有智慧。

在世界市場上去開發財富，在悠久的東方文化中去尋找智慧。如果四小龍真能把先人遺留下的智慧與自己創造的財富結合，那麼太平洋世紀將是一個以東方人為中心的世紀。

一九八七年十一月號《遠見》雜誌

35 二十一世紀是誰的天下？

逗點與句號

在歷史的軌跡上，十年是一個小逗點，百年是一個大句號。

近二百年來，十九世紀是英、德、法的歐洲世紀。倫敦、柏林、巴黎相互襯托出歐洲人的野心與自負。

二十世紀是以美國為中心的美洲世紀。華府、華爾街、好萊塢左右了世界的政治、經濟與生活方式。

這二百年以增加生產力的產業革命開始，而以發明無比殺傷力的核子武器達到巔峰。

兩個世紀以來，這些歐美國家是有它令人羨慕的成就：民主制度、經濟成長、社會福利、軍事實力、科技優勢，以及人文精神。但是，在東方人的心目中，這些國家贏得戰爭，可惜不能持續地維持和平；這些人民生活得富裕，可惜不能持久地滿足。

日本與四小龍

大西洋兩岸的歐美大陸壟斷了二百年的人類命運，二十一世紀會是誰的天下？

距離二十一世紀還有十二年，政治領袖（如美國的雷根總統）、專家學者（如康恩），國際媒體（如《美國新聞週刊》），都已先後發出「太平洋世紀」即將來臨的信號。

在二十一世紀，從地緣政治來看，美、蘇及歐洲仍將舉足輕重。但是，從經濟實力來看，國際上共同認為：二十一世紀將是太平洋世紀。二月初來台訪問的美國中央情報局局長科比（William Colby）也指出：「今後的世界經濟重心將轉到太平洋地區。」

從文化層面來看，也有很多學者認為：二十一世紀將是儒家文化的世紀。根據美國史丹佛研究所（SRI）的分類，這一亞太地區包括了：

(1)工業化國家：日本、澳大利亞。

(2)四小龍（又稱新興工業化國家）：新加坡、香港、台灣、南韓。

(3)原料產品輸出國：印尼、馬來西亞、泰國、菲律賓。

(4)難以預估的國家：中國大陸與印度。

這一地區的總人口數近二十四億，到本世紀末會達到三十億，大陸與印度占了四分之三的總人口數。

這一地區到今天為止仍然有懸殊的每人所得、相當差異的文化、宗教與政治結構，以及不同階段的經濟發展。其中，四小龍成長快速，令人刮目相看。

四小龍的成長快速得力於幾個重要因素的相互配合：充沛的人力資源、勤奮的勞工、私人企業的發展、相當程度的社會安定、領導階層的重視經濟成長，與國際上的經濟繁榮。

在「太平洋世紀」中，根據專家們的預測，扮演重要角色的當然不是那些落後的國家，而是日本與四小龍。日本具有最重要的影響力，四小龍將扶搖直上，中國大陸則被認為是一匹黑馬。如果大陸的改革能夠持續，二十一世紀中葉，它將會變成另一個主角。

從平均每人GNP（國民生產毛額）的成長（圖一）與出口貿易成長（圖二）來看，日本高於美國，四小龍（除圖二新加坡例外）更高於日本。而在四小龍中，我國名列前茅。

根據國際貨幣基金的預測，如果過去二十年（一九六六～一九八六）的經濟成長率，在一九八六年後的二十年持續，那麼在二〇〇六年，平均每人GNP的世界排名將出現一個新名單（圖三）。扣除人口較少的國家之外，前十名中有四個是來自「太平洋世紀」的日本（第一名）、新加坡（第三名）、中華民國（第八名）與韓國（第十名）。

圖一　1973-1986 年四小龍與美國、日本和大陸的國民生產毛額平均年增率

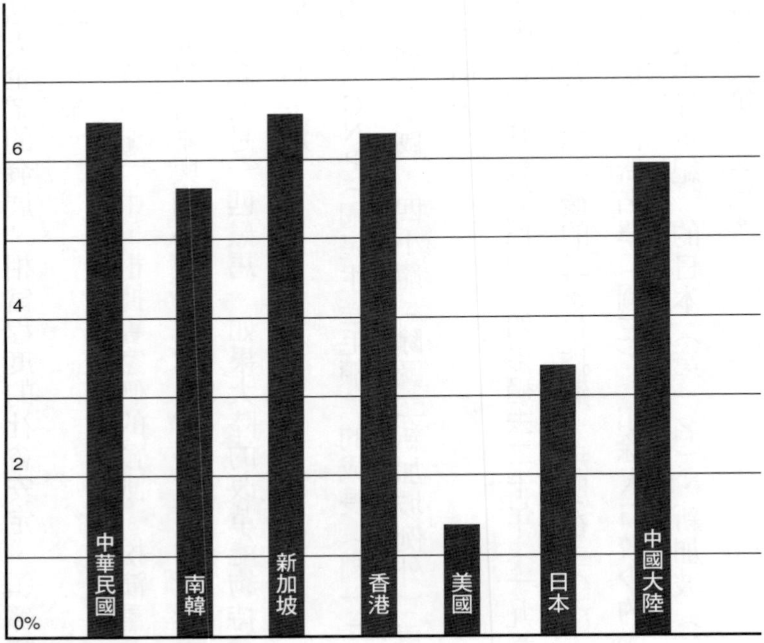

▲資料來源：世界銀行

圖二　1980-1986 年四小龍與美國、日本和大陸的輸出額成長率

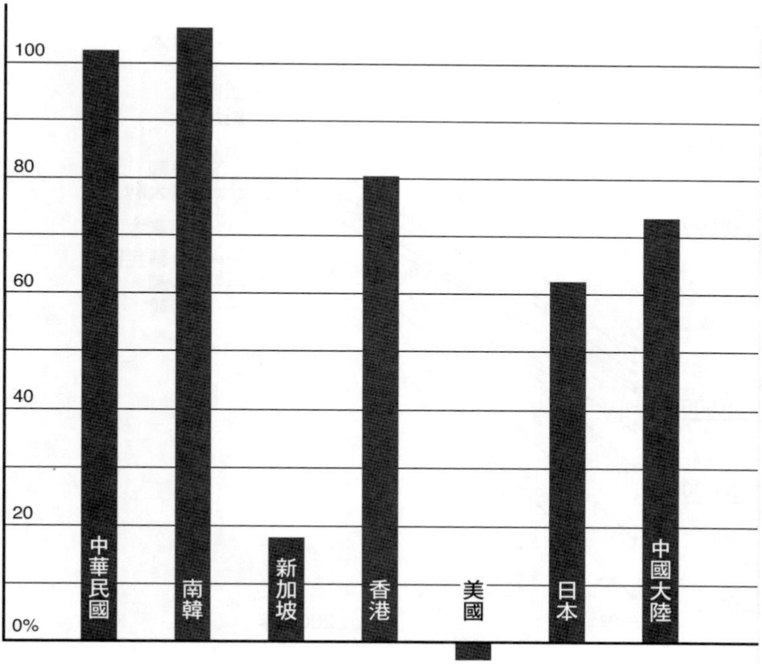

▲資料來源：國際貨幣基金會與台灣外貿協會

圖三　2006 年國民生產毛額預估前十名

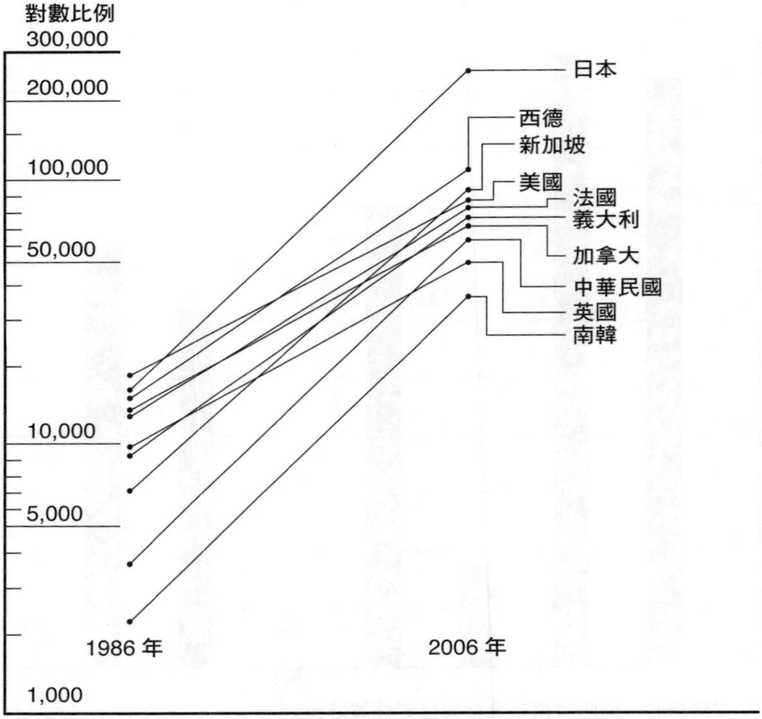

▲注：假定過去 20 年的經濟成長率在 2006 年前維持不變
資料來源：國際貨幣基金

美國的實力與反應

位在太平洋邊緣的美國，將會有怎樣的變化？

美國雖然已無二十年前傲視世界的經濟實力，但是美國還不會變成第二流國家。薩門生（Robert J. Samuelson）提出三項總體指標來支持他的看法：

- 美國當前的國民生產毛額仍是日本的二倍，比歐洲共同市場的總額還要高出一五%，而歐洲共同市場的人口比美國要多出三分之一。
- 美國人民的平均生活水準仍是世界最高的。德國與日本的平均生活水準仍只相當於美國的七〇%與七五%。
- 美元的貶值使美國再度變為世界最大的製造品輸出國。據估計，到一九八九年，美國產品將占世界市場一八%，西德為一三%，日本則為一二%。

根據圖三，美國的平均每人GNP，到二十一世紀初仍將名列世界第四名。

面對經濟上愈來愈強大的日本與四小龍，美國人民是有他們複雜的情緒。它們不僅早年都受過美國直接與間接的援助，而且即使在今天，美國仍然負擔了韓國與日本相當比重的軍費。

因此，在美國蓋洛普二月初的民意調查中顯示：「亞洲的崛起令很多美國人擔憂。儘管他們很佩服亞洲人，『半數』的美國人贊成要對他們採取較以前強硬的貿易限制，『大多數』美國人更覺得盟友們負擔了太少的軍事支出。」

而美國政府在二月初宣布取消對四小龍的三千餘種產品的優惠關稅，正是這種民意的反映。此舉會使美國的關稅收入增加五億美元，輸入產品的價格也可能會平均上升五%。

儘管在過去二年半，日圓升值五〇%，台幣升值四〇%，韓圜升值一〇%，美國在一九八七年前十一個月中，對歐洲的逆差為二七五億美元，而同一時期對四小龍的逆差（不包括日本）就高達三五二億美元，美國人實在不得不讚嘆這些亞洲國家的競爭力。

如果美國民主黨總統候選人蓋哈特（Richard Gephardt）所高唱的保護主義政綱，能獲得大多數美國選民支持，受到傷害的不僅是未來太平洋世紀的主人，更是居於領導地位的美國。在保護貿易的戰爭下，沒有一個國家會是贏家。

美國人心目中的東方人

在太平洋世紀中，按照主人的重要性，他們分別是日本人、中國人與韓國人。自十九世紀以來，日本人被認為是經濟動物，具有島國心態；中國人被認為是一盤散沙，亞洲的睡獅；韓國人被認為是東方隱士，日本的殖民地。

當年日本軍國戰力所不能占領的，日本人靠經濟力量征服了。

當年被輕視的中國，不再被輕視了。在台灣的中國人以「經濟奇蹟」贏得尊敬；在大陸的中國人，以發展潛力不再被低估。

當年被占領的韓國，也以其倒數計秒的幹勁，被認為是另一個日本，而要以今年九月在漢城舉辦的奧運，跨進已開發國家的門檻。

在上述引證過的蓋洛普民意測驗中，美國人民用下面這些形容詞來形容亞洲人：

- 創造性（五一％）
- 獨立性格（四九％）
- 可欽佩（四二％）
- 誠實的（四二％）
- 快樂的（四〇％）

這些都是人性中的可貴面。為什麼亞洲人沒有得到更高的比例？是傳統及文化的因素？是政治體系及教育制度使然？是經濟環境與社會變遷造成？還是美國人民的低估？

我不知道這些答案，但我知道：太平洋世紀中的日本人、中國人、韓國人，除了要擁有高度的經濟成長之外，一定要共同推展儒家文化——把生命的境界提升到更高的層次。

MIT還不是驕傲的標誌

如果貿易的持續順差被認為是一國的驕傲，那麼，讓我提供二則值得自我檢討的故事：

- 提名金像獎電影《致命的吸引力》（*Fatal Attraction*）中的一幕：男主角下班時走出辦公大樓，正好碰上下雨。他一再揮動雨傘，但傘就是打不開，那時尚未對他動情的女主角剛從旁邊走過，笑著問：「Made in Taiwan?」不論她的話是否公允，無數位觀眾的印象是「MIT」不是品質可靠的標誌。
- 二月初《美國新聞週刊》委託蓋洛普做了一次全美民意調查，根據全國六一三位成年人樣本，其中一項的問題及答案是：

下列國家的產品一般來說是優於、劣於或類似美國產品（表中數字單位均為%）。

	優於	劣於	類似
日本	40	19	35
大陸	8	40	28
南韓	9	42	33
台灣	7	53	29
新加坡	3	37	20
香港	8	47	29

在六個國家或地區的比較中，認為台灣產品比美國優良者，只有七%，為倒數第二名，連大陸都高過台灣一個百分點。認為台灣產品比美國低劣則高達五三%，為倒數第一名，大陸又比我們好了十三個百分點。

在美國成年的消費者心目中，台灣產品顯然是屬於次等的。

全國需要努力的不是外銷產品的量要更多，而是質要更佳。

外匯存底的增加要變成產品驕傲的標誌，而不是商譽欠缺的累積。

一九八八年四月號《遠見》雜誌

36 中產階級社會要靠制度運作

有了強人領導，不易建立制度

沒有深厚的文化，不容易塑造聖賢。做聖賢的人，做了太多的自我犧牲。沒有流血的戰爭，不容易出現英雄。做英雄的人，是別人為他做了太多的犧牲。

沒有動亂的社會，不容易產生強人領導。有了強人領導，就不容易建立制度。事實上，一個經濟成長、政治民主的社會，是不需要聖賢、英雄與強人的。

對廣大民意負責

更進一步地說，以中產階級為主幹的現代社會，強大的領袖是不容易產生的。在這種現代社會中，不是靠強人領導，而是靠有軌跡可循的制度——行政部門、國會、輿論、企業集團、利益力量、消費者權益相互制衡地在運作。在這種運作下，政府首長不是對一個強人負責，而是對廣大的民意負責。

這種運作也有它不可忽視的代價——政府的決策都偏向於討好選民。選民在自私心的驅使下，盡量要求政府做更多的照顧，盡量不要求自己盡更多的責任。因此，不論是美國、日本或開發中國家的政府，為了討好選民，都年復一年地寧可產生龐大的財政赤字，而不敢加稅。

整體智慧勝於個人領導

日本是一個中產階級社會，日本的意見領袖一再告訴我：「強人不容易在我們日本社會出現。」三月底在東京的短訪，更加深了我這個認識。

日本首相辦公室曾經在一九八六年的五、六月，對二十歲以上七八五七位國民，就他們所具有的社會階層意識，做了一次全國性抽樣調查。其結果是：日本人自己認為屬於——

上層階級	○．二％
中上階級	六．四％
中產階級	五一．八％
中下階級	二九．四％
下層階級	八．六％
其他	三．六％

即使以狹義的中產階級來說，有一半的日本人已經是屬於中產階級。取廣義的界限——包括中上階級及中下階級，那麼十個日本人中，就有九個是中產階級。

正因為有這樣強大的中產階級，參與研擬自民黨政策的國會議員椎名素夫強調：「在我們這個社會，領導人（leader）並不很重要。首相不是在領導民眾，而是在追隨民意。」

這位日本政壇的重要人物接著解釋：「屬於中產階級的人十分相信自己，他們認為整體的智慧比一個人的領導較好。當他們感到某一個政策不對勁的時候，他們會要求改變。在我們自民黨內部辯論決策的時候，每一位議員都可以表示正反意見。主席絕少以個人意見來裁決，而是以大多議員的意見為意見。我們的決策模式是取決於多數，而不是由一個領導者來決定。」

這位曾在三月間來台訪問，與李總統晤談過的議員又說：「在當前的日本社會中，不會出現像柴契爾夫人那樣的強勢首相。竹下登就是日本講求均衡、折衷下的產物。」

三井銀總合研究所所長德山二郎——被稱為日本的太平洋先生——也持同樣的看法：「以中產階級為主的社會，把自己看得與從政者一樣重要。他們不相信從政者一定會比他們好，因此，就不渴望有強人領導。」

日本社會的例子正在提醒世人：一個中產階級的民主社會，不僅不容易產生強人領導，事實上，也不需要有強人領導。
現代社會所需要的是能夠發揮功能的制度。

一九八八年五月號《遠見》雜誌

37

縮短六十年所得差距

——鄧小平需要「台灣經驗」

大陸經濟改革陷入「不改不行，改也不行」的困境。當我實地在北平與當地經濟學者交談後，我認為鄧小平會借重「台灣經驗」來縮短兩岸所得差距。

「為什麼？」

六月初在北平停留的一週中，報紙上的頭條新聞每天都與經濟改革有關。「鄧小平對外國朋友樂觀預言：中國物價改革可以完成」、「我們有條件冒全面改革物價風險」、「中央政治局認為：中國改革進入了關鍵階段，抓住有利歷史條件，解決改革中不可迴避的問題，實行價格工資制度需有通盤考慮和系統方案」。

以一個學經濟的人的眼光來看，大陸的經濟制度早就應當徹底地改，但是要改革，真如鄧小平所說「沒有萬無一失的方案」。

以一個中國人的眼光來看，大陸的每人所得早就應當要提高，但也正如鄧小平所說：「如果現在不全面搞好物價和工資改革，不理順關係，要在下個世紀五十年內，達到人均（每人平均）國民收入四千美元的水平就困難。」

六十年後北平想達到的生活水準，去年的台北就已達到。同是中國人，為什麼會有這麼可怕的差距？

不改不行，改也不行

這次去北大、清華演講，就是要與北平的學界來分享「台灣經驗」。在北大經濟學院演講後，一位經濟系教授激動地說：「不是我不支持經濟改革，而是我擔心大多數家庭挺不過去。」

在清大經濟管理學院演講完，坐在後面的研究生大聲說：「在所有社會主義國家中，沒有一次價格改革成功的。」

在餐桌上，一位曾去莫斯科大學進修過六年的經濟學家說：「搞活總比一灘死水好。」

在一位前輩學人家中，他低沉地說：「不改是不行，但是要改革是困難重重。」停頓了一下又說：「再壞也不會比文革時候壞。我同意中央對物價改革『硬拚』的政策。」

想改革是大多數人的要求，怕改革則是普遍的恐懼。這真是一個不改不行，改也不行的僵局。

「二、四、八」問題

當前大陸改革所遭遇的困難，有制度上與人為的因素，也有內在的與外在的因素。影響大陸改革成敗的一個關鍵因素，就是那些握有實權、享有特權的利益團體內心的反對。

二千七百萬國家幹部，肯接受市場功能的調節而減少裁決權力嗎？四千八百萬共產黨員，肯放棄私利面對公平競爭嗎？八千六百萬國家職工，肯打破大鍋飯的保障認真工作嗎？這就是一些大陸留美學生所指出的「二、四、八」問題。

撇開特權階段，如果有足夠誘因，十億人口可以變成推動改革的最大動力，否則，就變成了最大阻力。鄧小平曾一清二楚地指出：「改革是件要冒很大風險的事。」要減少風險，就要吸取其他地區的成功經驗。

需要多幾個台灣

在北平的公開演講與私下談話，我反覆地說：要縮短六十年所得差距，台灣經驗是值得吸取的。

這些經驗包括了提高農業部門生產力來支持工業發展、擴大私有財產來提高工作誘因、建立市場體系來減少管制扭曲、減少國營事業用以鼓勵私人企業、增加教育投資改善人力素質、追求物價穩定減少人民恐懼。

台灣在這一發展過程中，大體來說，政府部門沒有犯大多數開發中國家所犯的嚴重錯誤：如好大喜功的炫耀式建設、犧牲農業優先發展重工業、持續擴張的政府干預、過分強調公平犧牲效率、技術與行政官僚的財經建議不受重視。

概括地說，四十年台灣的成功經驗是政府有策略、企業有誘因、人民有活力三者共同努力下的產物。再回過頭來看這一過程，大陸不要學台灣對環境保護的忽視、對特權的容忍、對社會紀律衰退的束手無策。

鄧小平六月四日公開宣布「我們在內地還要幾個香港」時，我在北平說：

「大陸需要的是多幾個台灣。請台灣的專家與企業家來管理海南島，把海南島變成第二個台灣。」

沒有白吃的大鍋飯

大陸要移植上面這些「台灣經驗」當然不比登天容易。好在鄧小平最近也說過：「長痛不如短痛。」要減少這種痛苦，中共的領導人還需要反覆倡導一些相關的觀念：

- 天下沒有白吃的大鍋飯。
- 只有透過個人財富的累積，國家才不會貧窮。
- 經濟發展初期，政府如先追求公平，其結果既得不到公平，也得不到富裕；如果先追求財富，其最終既會有財富，也會有公平。
- 普天之下有效率的國營事業都屬例外。
- 實施全面經濟管制的國家，沒有不犯資源浪費、效率低劣、消費品缺乏的通病。

- 現代政府的仁慈與好意，不再是透過對國營事業無底洞的補貼，而是創造有利的投資氣候與工作機會。
- 政府的經濟角色是導演，不是主角；是裁判，不是球員；是啦啦隊，不是生力軍。
- 提倡這些觀念，正符合鄧小平的判斷：「只要我們向人民講清楚，人民是會接受政府決定的。」

錢學森的警告

被大陸尊稱為大科學家的錢學森先生，在五月底所舉辦的「科學與文化」討論會上，提出了警告：「在目前這場全球經濟大競爭中，千萬不能慢吞吞，只有不屈不撓堅忍不拔拚著命去奮鬥，摔倒了爬起來再幹。否則，錯過了眼前的機會，這個地球上就沒有你的位置了。」

時間永遠不站在弱者這一邊。

索忍尼辛（Aleksandr Solzhenitsyn）曾有一個鋒利的預言：「走向社會主義的各種道路，都在死點交會。」大陸經濟要起死回生，需要及時的全面改革。通向改革成功的途徑是吸取台灣經驗。

曾當選為美國《時代》雜誌風雲人物的鄧小平，在晚年以政治生命做賭注來推動改革，應當得到「最佳勇氣獎」。我們不要幸災樂禍，而要樂觀其成。

十億中國人應當有權利享有免於貧困的生活，以及免於恐懼的選擇。

一九八八年七月號《遠見》雜誌

38 不要強人領導，要強勢領導

在經國先生於一九八八年年初辭世後，或許很多人嚮往強人再現，可是目前台灣政局真正需要的，是在總統、行政院長、執政黨主席與祕書長合作無間下，產生的強勢領導。

杜凱吉斯的堅持

當五十四歲的希臘後裔、現任麻州州長杜凱吉斯（Micheal S. Dukakis），獲得美國民主黨總統候選人提名之後，世人又重溫了一課：在一個民主的社會，有才幹與品德的人，仍然可以脫穎而出。

這位在一九八六年被其他州長推舉為「全國最傑出的行政首長」的總統候選人，自從政以來，就堅持二點：一是從政者要具有解決問題的才能；一是從政者本身必定要有廉潔與公正的品德，不受利益團體左右，不受人情包圍。

強人領導是危險的

當前的台灣，正陷入講空話、爭私利、鬥權術之中。政府缺少政績，企業缺少社會責任，人民缺少公德心。

在這迷惑的時刻，也許仍會有人嚮往：再有一位強人出現。這種想法，在今天的民主潮流中，是危險的。台灣政局今天所需要的不是強人（strong man），而是強勢領導（strong leadership）。

「強人」領導靠一個人的威望、班底，及部署，但終不免有錯失，產生後遺症。塑造一個強人，需要付出太多的代價，冒太多的風險。

「強勢」領導是靠制度，由一群人來推動，形成一股進步的力量。在民主政治下，擔任重要職務的人，就立刻會有實權，毋須靠多年累積的威望、多年培養的班底、多年費心的部署。

推動強勢領導

台灣的民主政治不能倒退，所需要的是「強勢」領導。這種強勢是要靠三個權力中心的合作，以及行政部會的政績。

第一是「強勢」領導來自於總統、行政院長、執政黨主席與祕書長之間的合作無間。只有在這三個權力中心相互合作下，黨的政策才能透過行政院的部門執行；也因為黨對行政院的支持，特別是在立法院中，行政院的各種施政方案才能順利通過。如果執政黨高談政策理想，行政部門無法兌現，「強勢」領導是無法產生的。

令人擔憂的是當前已有跡象顯示：總統府、行政院與執政黨部之間並不是那麼合作無間。社會上的迷惑與人民的不安全感自然會因此而惡化。

第二是「強勢」領導要表現在行政部會的實際政績上。客觀地說，俞內閣在過去四年的政績遠比一般人民所具備的印象為好（見一九八八年七月號《遠見》雜誌第二十九～三十三頁）。

經過大幅度改組的新內閣，面臨到空前的考驗。因其中多位部次長是由李總統所選擇，因此有人稱之為「李內閣」；又因為強調通才，有人稱之為「暖身內閣」。

不論如何稱呼，我們認為新內閣之成敗，不在於有多少博士、多少位本省籍、平均年齡是多少、任用了一位女性部長，而在於這些部會首長能否有本領真正解決當前各種問題。

對新內閣不樂觀

當前的問題實在錯綜複雜，如大陸政策的調整、公共建設的延誤、生活品質的惡化、勞資雙方的對立、環保與設廠的衝突等等。

面對這些棘手問題，我們對新內閣充滿期望，並不表樂觀。不樂觀的理由是：

(1)大部分首長，以他們過去的言行來衡量，多半屬於拘謹型，缺少開創的性格與魄力。另有一些首長，長於言詞，但缺少實績。

(2)通才型的首長需要堅強的幕僚。大多數部會一直就缺乏優秀的幕僚群。我們常聽到的一個耳語是：「部長的構想只停留在部長室，因為他下面沒有人手能夠替他策畫推動。」

(3)很多開創性的政策都是跨部會的。在本位主義下，開創性的政策（如貿易自由化）就立刻遭到一些部會的反對，首長們常把個人政治得失放在政策推行之上。

(4)大部分的部會首長一直在權力中心的左右，但從未參加過選舉，儘管可以自認為「瞭解民情」，但他們在心態上、作風上、言談上總缺少參加過選舉的那種草根性與親和力。這些一直活躍在高爾夫球場、俱樂部與私人宴會中的首長，要真正瞭解群眾，可能需要立刻改變一下生活方式、社交圈，以及與利益團體的親近關係。

領導階層在今後任用部會首長時，應當要多選擇一些來自清寒家庭以及自力奮鬥出來的人。

(5)政府部門一直缺乏一個制度：沒有實際政績的首長是要被免職的。近年來的實際例子是：沒有政績的首長居然可以從一個部會換到另一個部會。使任何一位心平氣和的人不禁也要責問：台灣社會就只有這十幾個專才與通才嗎？而另外幾位公認的傑出專才，卻連政務次長都升不上。

對缺少政績的首長不予免職的傳統，就鼓勵了「只要不出錯」的心理。而我們當前的社會就要有一群有強烈使命感、準備「不成功即下台」的政府首長；但是，他們在哪裡？

歷史性的貢獻

在台灣現況下，李總統剛好也是執政黨的主席，他也就變成了強勢領導的中心人物。

李總統有權、也有責任使總統府、行政院與中央黨部發揮整體力量。引申一位學者的論點：總統不要站在第一線上發號施令，變成可能的箭靶，而受到傷害；讓行政院長走到第一線，面對立法院、面對選民，但要給他所有的支持，幫助他做好。

行政部門的政績就是總統的政績，就是黨的政績。行政院長做得不好，就換掉他。以更換行政院長的權力來督促行政院的效率，但自己不要經常對行政部門的各種問題公開表示意見。這樣的自我約束，不僅把自己的地位立於超然，而且也是在誠心誠意地建立行政院本身的權威，這正就是建立制度過程中所表現的苦心。

已具有做「強人」的情勢，也有左右的勸說，而自己決心不做強人，這是政治家的智慧，更是歷史性的貢獻。

不做強人，而專心一志地建立制度、尊重制度；透過制度，以政績來決定行政院長與部會首長的去留，也就是「強勢」領導的另一種表現。

一九八八年九月號《遠見》雜誌

39 位高、名重、權大，但影響力小

——從美國總統想到台灣領導

總統影響力日衰，是近年來台灣與美國相似的境遇；不同的是，台灣的領導是否缺乏如美國的優秀幕僚作業？該如何才能產生有效的領導？

當一九八九年一月二十日，老布希（George H. W. Bush,）宣誓為第四十一屆美國總統時，全世界的焦點又將集中在這位白宮的新主人身上。他在世界舞台上的重要性早已被公認。戰後國力鼎盛時期，有人譬喻美國總統有帝王的威望、教皇的榮耀，以及元首的權力。但是，繫世界安危於一身的美國總統，在今天的局勢中，真有這麼大的影響力嗎？這真是以前不會想到，但現在不得不探討的一個重要問題。

選民不熱中投票

這就要從近年來美國選民不熱中於投票選總統說起。

在這次布希與杜凱吉斯的選戰中，據估計只有五〇%的選民投票，是一九四八年以來最低的一次；遠低於西德、法國、英國、日本等七〇~八九%的投票率。一半的美國選民居然放棄了這個重要的選擇。

過去選民對總統選舉不熱中的解釋不外是：投票登記麻煩、中產階級以下的人民（尤其是少數民族）不關心政治、候選人本身缺乏吸引力——所謂「二者之中選一個次壞」，誰當總統都差不多。

現在新增的另一個解釋則為，「美國總統是愈來愈不重要了」、「總統的影響力愈來愈小了」，既然總統不這麼重要，那又何必多此一舉去投票？

雷根的處境

總統影響力的下降，不是空穴來風的。美國《時代》雜誌遠在大選前就發表過一篇〈為什麼總統顯得那麼渺小？〉的專論。基本論點是：總統的責任在加大，限制在增加，影響力與權力在縮小。大選後的《紐約時報》又登了一篇著名經濟學者蓋布勒斯的文章。他指出：「根據所有過去的標準，總統這個職位已經顯得相對不重要。」

這位民主黨籍、已退休的哈佛大學教授又以譏諷的筆調，嘲笑雷根之所以在第二任內很少開記者招待會，不僅是因為雷根對很多問題缺乏判斷與瞭解，同樣重要的是，「當他被記者詢及那些事情時，事實上他對那些事情並沒有什麼影響力。」

雷根是戰後最受人民喜愛的總統。這位個性溫和但原則堅定的總統，在卸職前無法掩飾他對總統影響力日衰的失望。

在卸職前的一次演講中，他憤慨地指出：「國會、利益團體與新聞媒體」這個鐵三角削弱了總統的權力，阻礙重要的施政。他以巨額的財政赤字為例來說明，他要減少政府支出，卻因鐵三角的反對而不可得。

在他的第二任內，雷根變成了一位「傷痕累累」的領導人：國會既沒有順利通過他提的預算，也不支持他的中南美外交政策，甚至也否決了他對大法官人選的提名，更不必提伊朗軍售質詢帶給他的難堪。

卸職前夕的雷根，仍是一位受歡迎的總統，但不是一位有重大影響力的總統。被認為「最有權力」的美國總統，近年來在一次又一次的國會投票中，無情地被卸下了那高估的權威外衣，使世人瞭解：如果犯法，就會像尼克森一樣，羞辱地下台；如果政策不受國會多數議員支持，就會像雷根一樣，不得不接受。

民主政治就是這樣有規範地、無情地在運作。

為什麼影響力小？

總統影響力這樣的轉變是好是壞，尚難判斷，但值得指出的是，大概有五個因素削弱了他的影響力：

第一是國會。在三權分立的國家，當總統是屬於一個黨（共和黨），而參眾二院被另一個黨（民主黨）控制時，總統當然就難以順利地推展他的政策。

第二是官僚系統。有人諷刺地說：總統只是宣布官僚系統所決定的事項，扮演一個象徵式的重要角色而已。

大家都熟知雷根對台灣友善，但是在國務院層層官僚系統下，他也無可奈何。

第三是利益團體。這些團體常以強大的聲音與雄厚的資金，設法爭取對他們有利的法案或政策。總統在各種壓力下，不得不做各種政治妥協。在妥協下，總統不是在勇敢地推動那些「自以為是」的政策，而是消極地在接受他「不以為然」的妥協。

第四是媒體。民主國家中的媒體，對在位的政黨與總統通常都是批評多於稱讚——懷疑他決策的動機、預測他推行的困難、報導他失敗的措施。媒體不僅批評總統做了而沒做好的事，也批評他該做而還未做的事。

有「偉大的溝通者」之稱的雷根，認為媒體沒有公平地向讀者陳述他的觀點，削弱了他與國會爭辯的影響力。

第五是國內外的大事。因事件複雜性（如國際上戈巴契夫的片面裁軍，如國內社會福利措施的修正），都已不再是白宮主人一手所能駕馭。

面對這些變數，一位評論家感慨地說：「在西方世界，沒有一個政府領袖像美國總統那樣受人重視，但是，也沒有一個政府會像白宮那樣無能為力。」

這個說法似乎過分悲觀了些。美國總統當然仍有他的影響力，只是主客觀因素在變，因此總統要認清：他不能隨心所欲；人民要認清，總統不是萬能的。

台灣的領導

在台灣的現況下，總統與行政院長是二位最有影響力的首長，台灣的領導階層也正遭遇到與美國總統類似的經驗：國會中有民進黨尖銳的挑戰與國民黨本身內部的矛盾，使重要法案一再擱淺；社會上利益團體在台前與幕後的公然操縱，影響政策的正常擬訂；媒體的強大影響，常常左右政府的決策及它的時間表。

與美國官僚系統有所不同的是：我國大多數的部會在用人及待遇等的限制下，一直缺少足夠的優秀人才，也就缺少優秀的幕僚作業。有人形容一位部長「他的構想在他辦公室誕生，也在他辦公室夭折」。沒有好的幕僚，怎麼可能把構想變成政策方案？與美國相同的是：首長都無法使幕僚系統反應靈敏，放棄本位主義。

如果今天的美國總統都不能靠職位來充分發揮他的影響力，那麼在我國強人時代已一去不返的局面下，要怎樣才能產生有效的領導？

我國的領導人物，除了妥善運用職位上賦予的權與名之外，還要盡量發揮三種特質：

- 要以偉大的識見來描繪中國的遠景，更要以空前的魄力來逐步推展。並且正告在台灣的中國人不要在蕞爾小島上不斷內鬥——台灣的前途在中國的統一。
- 要發揮親和力，來培養強烈的共識，凝聚民心。減少當前流行的分離、對抗意識。

•要發揮說服力，來贏得國會、媒體及利益團體的支持。

此外，在民主制度還沒有建好的時刻，領導人物的公正無私、廣闊胸懷，更易建立信服。「無私」就是不折不扣地把國家利益放在黨的利益與個人的利益之上。「無私」就是聽取不同的意見，借重各方的人才。有了這樣的總統與行政院長，台灣的民主政治更能走向成熟，中國的民主前景更有希望。

一九八九年二月號《遠見》雜誌

40 五種「新夾殺」下的企業危機

當前台灣的企業，遭遇了多重的「夾殺」，譬如既不能設廠，也不能關廠；私人成本激增，社會成本也激增……。要化解這種危機，在於政府能否在最短期間，快速重振公權力，並且拿出全套對策。

民間企業成長是關鍵

台灣經濟發展過程中，民間企業的蓬勃成長與無限活力是經濟成長快速的關鍵因素。與國營事業相比，它提供了更多的就業機會、投下了更多的自有資金、繳納了更多的稅，同時也開拓了廣大的國外市場。它當然也比國營事業冒更多的風險、面對更多的競爭、做了更辛苦的耕耘。因此它也賺了更多的錢、累積了更多的資本、擁有更多發展的潛力。

簡單地說：沒有民間企業的持續成長，就不會有持續的經濟成長；沒有經濟成長，台灣本身就會衍生經濟的、社會的、政治的各種問題。台灣的「實質外交」也就同時失去了「實質」與「外交」。經濟成長是那麼重要地支配了台灣的生存與發展，一旦開始惡化，就會像把所有的雞蛋放在一籮筐裡一樣地令人憂慮。

五種「新夾殺」

當前台灣的企業是在相互糾纏的「夾殺」下出現了危機。

除了幾年前流傳一時也頗多爭論的前有勁敵（如日本）、後有追兵（如南韓）的夾殺理論；由於這兩年來勞工意識與環保意識的提升與外力的介入、自由化步伐的加快與保護主義的蔓延等等，又誘發了下面五種「新夾殺」：

(1)「**既不能設廠，也不能關廠**」**的夾殺：**不能設廠就會使本來低落的投資意願更形脆弱，不能關廠就會使本來虧損的企業繼續陷於虧損。只要合乎法令，企業就擁有開廠與不開廠、關廠與不關廠的選擇，這是我國市場體系中的企業自由。

這一企業自由正遭受嚴重的挑戰。例如經濟部已經核定投資計畫的工廠不能設，符合勞基法遣散規定的工廠不能關。台塑的六輕、台機的合金鋼廠分別陷入不能開與不能關的夾殺之中。

(2)「**私人成本激增，社會成本也激增**」**的夾殺：**廠商私人成本中的工資近年來不斷上升。例如在一九八〇～一九八八年間，台灣製造業每月的平均工資（以美元計算）上升一六九%，較韓國、新加坡等國高出甚多。

勞工意識劇升，對加班費、年終獎金、工作條件等的要求，以及所採取的示威、罷工、對抗和外力介入等方式，使許多年來和諧的勞資關係陷入從未有過的緊張情勢中。每次的解決又都大幅增加了廠商成本，減少了企業自主的能力。

近年來風起雲湧的環保意識，使得產生公害的廠商不得不負擔巨額的社會成本。去年十一月，林園工業區十八家石化工廠的賠償總額接近十三億新台幣。

(3)「**正派競爭劇烈，不正派競爭更劇烈**」**的夾殺**：不論產品是外銷或內銷，不論企業規模是大企業或中小企業，一方面要面對正派經營的競爭，另一方面更要面對不正派經營的競爭。

這些不正派的經營者以逃稅、漏稅來減少成本，利用特權關係取得新特權，在法律邊緣從事經濟活動。

這種「夾殺」已經產生了劣幣驅逐良幣的可怕後果——正派經營難以生存，不正派經營生氣蓬勃。

(4)「**找不到工人，也找不到專才**」**的夾殺**：當前台灣就業市場已出現了各種人才短缺的警訊。根據主計處最近估計：製造業約短缺二十萬勞工、營造業約短缺十二萬四千勞工。勞工的短缺推動了工資的上升，也提升了工運意識。

「專才難找」也一直困擾企業的成長。兩個近例：去年報禁開放後，就引起報界記者的大搬風；證券公司獲准設立之後，也就立刻引起金融界的人才爭奪戰。

對當前資金氾濫而又投資遲疑的「矛盾」現象，筆者一直認為重要的原因就是有資金的企業家找不到一批專才來共創事業。今天的台灣是「有錢」，但「缺人」。勞工與專才兩種都缺乏是另一種「夾殺」。

(5)「**自己一籌莫展，政府也無能為力**」**的夾殺**：當年台灣成長過程中的企業活力，在上述各種的「夾殺」中已一籌莫展；再由於政府公信力的脆弱、公權力的不受尊重、政策的慢半拍，政府在企業家心目中早已無能為力。王永慶說得真切：「台灣雖然富有，但是敗壞家產也是很快的。至於台塑的長程計畫，只有過一天算一天了！」

「過一天算一天」正反映出產業萎縮、投資低落、英雄氣短的淒涼。

「夾殺」的成因與後果

再進一步分析上述各種「夾殺」的成因，總體的因素多於個體的因素，如工資上升與防治公害帶來成本的增加；外來的因素多於內在的因素，如工廠既不能設，也不能關；非經濟因素多於經濟因素，如外力參與工運及環保運動；政府的責任多於民間的責任，如社會秩序的混亂、過時法令的普遍、地下經濟的猖獗、公共設施的嚴重落後（如電力、水、大眾捷運系統）。

在當前的經濟活動處處受到夾殺下，其結果是逼得企業家不得不把他們的眼光、資金與注意力湧向：

- 大陸市場
- 海外尋找出路
- 股票及房地產
- 緊縮投資或關閉企業
- 地下經濟活動

在台灣的中國人在坐擁金山之後，卻受困銀山。台灣多少該做的投資沒法做，多少不該做的生意層出不窮。今天可以開設理髮廳、MTV、小鋼珠，但不准民間設立精緻的人文學院、音樂學院、語文學院。

「夾殺」中求發展

我們必須要指出：上述各種「夾殺」，對力爭上游的企業家應當是挑戰，不是絕路；對整個經濟的升級也具有催化的功能。在每人所得六千美元時，工資自然要隨之調整，勞工自然要有較多的自主，公害自然要減少，環保成本自然要負擔。因此企業家們：

當面臨設廠與關廠困難時，就要百折不撓地向反對的民眾與員工溝通。

當私人成本與社會成本同時增加時，就要靠更高的生產力、更多的自動化與開發更多的附加值產品。

當正派與不正派競爭劇烈時，自己就要堅持正派經營的原則，寧可忍受一時的虧損，爭取長期的合法利潤。

當人才短缺時，就要設法加速培育本身已有的人才。

當政府政策（如民營化）總是慢半拍時，不要放棄對政府的督促與鞭策。俞內閣的政績是需要靠外力來推動的。

經濟大師熊彼得（Joseph Schumpeter）認為經濟成長的動力來自企業家的創新。在各種夾殺下，「創新」怎麼可能產生？這就是為什麼我認為這是當前的企業危機。企業危機，在市場經濟體系下，正如我多年來所強調的，應當要靠企業自身來度過。

但是，在當前台灣特權瀰漫、法紀不振、政府喪失鬥志、民間活力衰退的局面下，化解這場企業危機的關鍵，不在民間，而在於政府能否在最短期間，於重振公權力的過程中，拿出全套對策。

一九八九年三月號《遠見》雜誌

41 物價變動值得重視，不值得緊張

中央銀行張繼正總裁的全面金融緊縮政策，遭遇到利益團體的責難。因物價上升對人民的整體利益有嚴重的傷害，我個人支持央行的緊縮政策。

不需要過分憂慮

如果有些經濟現象的出現使人困惑，那麼有些經濟政策所帶來利弊互見的後果，更易引起爭論。

例如關稅下降時，一方面(1)可以減少美方對我國的指責。(2)國內消費者買到較前低廉的進口商品。(3)因為輸入增加，可以遏阻國內物價；但是，另一方面也會使競爭力低的產業虧損，甚至倒閉。

在當前言論自由氾濫的潮流中，一般人民對經濟政策的認知，常被利益團體聲音的大小而左右。幸好在目前物價問題上，政府與民間都已共同體認到物價上升的威脅。

由於大陸撤退前惡性通貨膨脹的慘痛經驗，政府決策階層對物價上升一直懷有最深的戒懼之心。在一九五三～一九八七年間，台灣地區的物價相當穩定。以消費者物價為例，在三個階段中的平均上升率都未超過九%：

- 一九五三～一九六二年：八．七%
- 一九六三～一九七二年：二．九%
- 一九七三～一九八七年：七．九%

在這三十五年中，只有七年的物價上升超過二位數字。

主計處公布二月份消費者物價指數比去年同期上漲了四．九四%，是近七年來最大的漲幅。就政府的政策來判斷，這種漲幅值得重視，但不值得緊張。

澄清一些觀念

首先讓我們澄清環繞物價上升的五個觀念。

(1)「**溫和性」的物價上升可以容忍：**當物價上升率變成一〇%（二位數字）時，多數經濟學者認為這已經超越了「可以容忍的區域」。超過二〇%時，惡劣膨脹就逐漸形成。如果物價上升在四～五%左右，則認為是「溫和」的。如果真要維持比溫和性物價上升更低的水準，整個社會常常就必須忍受較多的失業與較低的成長。

(2)**物價上升中也有跌價的：**當近月來的食物、房租、計程車資、修理費用等上升時，一些商品的價格，或因供需關係，或因台幣升值或關稅降低，如汽車、家電用品、化妝品、領帶、夾克等價格則下跌。

此外值得指出，由於消費者物價指數只包括一千一百四十種與家庭消費相關的樣本商品，因此，就無法反映未包括在指數中商品的漲跌，如股票、房地產。

(3)**持續性的物價上升要避免**：它會傷害人民儲蓄和投資意願、產品輸出、生活安排（尤其已退休者）及財富分配。尤其當物價上升是來自政府財政赤字時，諾貝爾經濟學獎得主傅利曼教授就會大聲苛責：「這就變成了一種變相的『徵稅』，強迫每個人來分擔。」

(4)**對付物價沒有特效藥**：物價「管制」與「限價」看來最容易立刻見效，但絕少成功的。否則，一紙命令，普天之下就不會再有物價問題。對付物價膨脹的根本辦法是找出病源，然後再開處方。

(5)**預期心理要防止**：當物價預期心理逐漸形成時，這就真會加快物價的上漲。因此，媒體對物價的報導與官員對物價的評論，固然不能掩飾，但也不能誇大；「誇大」其危機意識就會產生「火上加油」的不良影響。更重要的是：只有靠政策工具的立即運用，才能減少物價上升的預期心理。

當前的物價變動與對策

一九八六年以來，因為中央銀行年貨幣供給率都在三〇%以上，大家擔憂的物價波動終於反映在近二個月以來的物價上升。

由於近六年貿易的巨額出超，中央銀行貨幣的供給隨之大幅增加，使社會上資金與名目財富大增，產生了對各項需求（如地產）的激增，誘發了需求推動的物價上升。再由於勞工意識與環保意識的提升，增加了工資成本與環保成本，形成了成本推動的物價上升。

對付來自金融面的物價上升，正如蔣碩傑與王作榮二位教授於三月下旬所建議的，中央銀行應立即採取三項政策：控制貨幣供給年增率在一五%左右（目前約在二七%），提升利率三至五個百分點，台幣與美元的匯率應在二六、二七之間盤旋。

對付實質面的物價上升，就必須要靠提高生產力、產品附加值等方法。

過去引起我們物價上升的石油價格，已節節上升。如第一次能源危機時石油價格的暴增，造成了一九七四年我們四七．五％的物價上升。目前每桶原油價格已增至十八美元以上。今年二月進口的農產品、化學材料及基本金屬價格指數較去年同期已分別上升八．四％、七．四％及一四．六％，這些貿易財的價格波動值得注視。

另一方面，過去國內產業界以聯合壟斷哄抬物價，或台幣升值後，進口商品未能合理降價的情況，由於近年關稅下降、進口開放，以及消費者意識抬頭，在這種不完全市場競爭下，價格偏高的現象已逐漸減少。

影響物價上升的因素與對策

物價上升因素	選用對策
（一）外匯累積過多，貨幣供給大增	中央銀行採取
	控制貨幣供給量
（二）資金過多、利率過低	中央銀行採取
	提高利率
	台幣適度升值
（三）工資成本與環保成本增加	提高生產力、提高產品附加值
	加強勞資雙方溝通
（四）輸入的原料（如石油）價格上升	運用外匯，大量購進
（五）太多的游資、太少的投資管道追逐國內有限的商品（如土地）	開放投資範圍
	擴大進口
	降低關稅
	運用公債，擴大公共投資
	公營事業股票上市
	海外投資
（六）預期心理	教導人民擁有正確觀念
	工具要及時使用

張總裁的果斷

概括來說，在目前這場對付物價的戰爭中，中央銀行總裁張繼正就變成了最關鍵的人物。

一九八九年一月二十六日，當美國消費者物價指數上升〇・六%後，美國的中央銀行（聯邦儲備銀行理事會）立刻在四十八小時內提升重貼現率。對付物價，不論政府的方案有多少，就貴在立即付諸實施，否則徒然造成更嚴重的預期心理。

張總裁現在有一個歷史性的機會變成「中國的伏克爾」。伏克爾（Paul Volcker）在一九七九～一九八七年擔任美國聯邦儲備銀行理事主席時，被認為是美國第二號有影響力人物，不顧白宮及輿論的批評，曾以鐵腕採取緊縮的金融政策，被推崇為「反物價膨脹的鬥士」，享譽全世界。

三月三十一日，張總裁果斷地宣布：中央銀行立刻採取全面的金融緊縮措施——包括提高銀行準備率、重貼現率及銀行存款最高利率，隨之銀行公會決議也大幅提高長、短期放款利率，於是一場穩定物價的保衛戰已正式展開。儘管這樣的緊縮可能會帶來經濟衰退，但這是難以避免的代價。

為了減少對全國人民的衝擊，特別是以薪資為主要收入的中產階級，物價穩定是減少財富分配惡化的一個重要條件。我們能體會央行緊縮性政策的苦心。

以平常心看物價

二十世紀的兩個經濟大病症，就是大量的失業人口與惡性的物價上升。兩者之中，物價膨脹尤為可怕。因此，在大陸經濟改革過程中，連續遇到持續物價上升時（去年的官方數字約在二%左右），中共當局就不得不放慢調整步伐。

這也就是為什麼遠在一九二〇年代，凱因斯就說過：「要推翻現有的社會基礎，最巧妙、最有效的方式，莫過於擾亂通貨。這一過程使得經濟法則中所有內含的力量趨於毀滅。」

但是，只要張總裁採取緊縮政策，台灣的物價不會膨脹到那種可怕的地步，全年的物價上升仍可在五～六％之間。我同意陸民仁教授的論點：「以平常心看物價變動。」

發表於一九八九年五月號《遠見》雜誌

42 這是一個貪的時代

——它使人心散、心慌、心變

「貪」是當前台灣最流行的標誌。貪財、貪權、貪名讓人心目中只有自己，視線只有眼前，抱負是更多的財、權、名。貪，為台灣埋下了腐朽的地雷。

「貪」是流行的標誌

如果十九世紀的狄更斯到今天的台灣來訪問，他仍然會寫下那歷久彌新的名言：「這是最美好的時代，也是最惡劣的時代！」但是，他一定也會毫不猶豫地再加上一個最新的注釋：「這是一個貪的時代！」

以橫掃千軍之勢，「貪」正變成了當前台灣最流行的標誌。它凸顯出人性的弱點，也反映出急劇轉變中台灣的嚴重病態。

不少人貪財，才有一波又一波的股票與房地產的狂飆。

不少人貪權，才有一陣又一陣明爭與暗鬥的浪潮。

不少人貪名，才有一次又一次的脫序賽與脫衣秀。

那些人以各種方式，用各種藉口，靠各種關係，在極短的時間內，累積了「得來太容易」的財富，取得了「得來不容易」的權力，獲取了「名實不符」的聲名。

輕易得來的財富，令旁觀者為之心迷；不易得來的權力，令旁觀者為之心動；不計手段得來的名位，也令旁觀者為之心嚮往之。

因此，有人歸結：今天的台灣，上層階級在玩權力遊戲，其他人在玩金錢遊戲。也有人因此而推論：在台灣有了權就會有錢；有了錢遲早也就會有權。如果這種推論正確，那麼權力與財勢的合縱連橫，已經為台灣埋伏了腐化的地雷。

過分熱中名、利、權

財富、權力、名位，在民主社會與市場體系之下，是推動個人進取與社會進步的重要動力，它們應當得到肯定。但是，在追求的過程中，要有三項規範：

(1)不能不擇手段。

(2)不能過分熱中。

(3)不能人人強求。

如果不擇手段，其結果是社會沒有是非；如果過分熱中，其結果是風氣敗壞；如果人人強求，其結果是人心險惡。

今天在台灣，我們看到許多人對名、利、權的追求，以前所罕有的言行證實了他們的不擇手段、過分熱中與人人強求。其綜合的表徵即是一個「貪」字。

在公權力不振、公信力喪失、公德心衰退下，已經有權、有財、有名的人還要「更多、更多」。這實在已經變成了一個「貪得無厭」的時代。

「發財熱」飄洋過海

在台北重複地聽到了類似的真實故事：

- 六合彩開獎之日，電話打不通，勞工不上班。
- 股票市場變成了合法的賭場，不僅家庭主婦、退休人員湧入，一些公務員與年輕人也為之著迷。
- 在股票及房地產上發了財的年輕人，買名牌汽車，到國外旅行，而且還換了新房子與新妻子。
- 證券及房地產公司的年終獎金有高達三十個月以上者，甚至一位打掃工友告訴老闆：「讓我找人來替你打掃，你把工資給他，獎金給我！」

台灣的「發財熱」已擴散到了兩個大陸。四月份在美國時，又多了另一層體認。

- 在華航機艙裡，一位年輕企業家輕聲地說：「在我們去年暑假參加陽明山受訓的四十多位工商界朋友中，至少有十位已經在大陸設廠，只是大家心照不宣而已！」

• 在矽谷的一位工程師告訴我：「當年一位同班同學，在台北辦了七年工廠一直虧本，最近把廠地賣掉，賺了三億多。上個月來這邊，拿現鈔買了幢近百萬美金的房子。他決定以後在台灣不辦工廠，改搞地產了。」

• 在舊金山的一位朋友說：「台灣的新銀行還沒有准許開設，已經有兩家投資公司在這邊為他們募股了。希望參加的，每位至少要投資十萬美金。」

• 一位在美國大學教了十二年書的朋友，決定辭去教職，暑假回台參加他嚮往的「發財行列」。他說：「地產、股票、期貨、保險，只要發財，我都有興趣。」

特權階級無處不在

在「貪」的狂飆聲中，這二年來：

• 人心都散了，誰還肯認真工作？

• 人心都慌了，誰還肯按部就班？

• 人心都變了，誰還顧得到是非善惡？

大家的心目中只有自己，大家的視線只有眼前，大家的抱負是更多的權、財、名。

因為這樣的「貪」，就產生了今天台灣無處不在的特權階級。在金錢與權勢勾結與包庇之下，不知道還有多少舞弊案沒有被揭發；即使被揭發，又有多少真是「查到最後一個人」？

特權階級已經變成了社會上的惡性毒瘤，這是台灣黑暗的一面。

貪權更令人心危

如果貪財令人著急，貪權則更令人心危。

近年來民主步伐的加快，使國民黨內的權力分配產生了重大的變化。在經濟成長中，人人有同時增加財富的可能；可惜在政治棋盤上，權力常是「你輸我贏」的局面。

民進黨內的爭鬥，對國家影響小。國民黨是執政黨，國民有權利要求執政黨不能因為總統府、行政院、中央黨部三者之間缺乏完美的配合，影響到施政的推行、預算的通過、立法案的審查，以及最佳人事的安排。

自一九八八年七月以來，內閣與國民黨內重要人事任命，都是經過政治上的刻意安排，都在鞏固各自的政治地盤，家世與省籍仍是兩個重要因素。

一九八九年六月初即將召開的國民黨二中全會，又將無法避免引起另一場權力分配或內閣改組的猜測。此時此地，遵守國父「天下為公」的遺訓，是每一位國民黨要員的責任。但是，要握有實權的人，不擴增其權力，正如要已有財富的人，不擴增其財富一樣地不切實際！

個人小康，社會大貧

大人物的貪權，就產生了洶湧澎湃的明爭暗鬥，沒有權的小市民則又普遍貪「小」便宜，造成了今天台灣個人小康、社會大貧的失調現象。

在貪小便宜的心態下，他們仍然嚮往三十年前貧窮時代中政府提供的津貼與補助，不肯分擔義務、不肯分擔社會成本、不肯為較高的品質付出代價，寧可忍受因陋就簡，以及嚴重短缺的公共設施。

四月底去韓國參加中韓政治經濟討論會，看到韓國每人所得不及四千美元，而愈來愈有現代化國家氣勢；而台灣六千多美元的社會，仍陷於髒亂與貧乏之公共設施之中時，真有說不出的感嘆。

台灣是個商業氣息愈來愈重的小康社會，但不是一個乾乾淨淨的社會——缺乏之環境的乾淨、心態的乾淨、決策的乾淨。

無法阻遏的趨勢

在貪戀權力與聲名之下，在擁有實權之後，有誰會自願在掌聲中戛然而退？他們都是在年齡與健康的限制及意外情況下，不得不退。陶百川、趙耀東、倪文亞、馬樹禮等幾位是可敬的例外。

在愛財之下，也不容易找到哪一位大富豪，真正慷慨地捐出大筆財富，設立如福特基金會那樣造福人類的機構。

當「貪」變成了今天台灣銳不可當的大趨勢時，實在不容易想出有效的阻擋辦法。

今年是「五四運動」七十年，也許我們需要出現幾位偉大的思想家來匡正時弊；也許我們除了提倡「科學」、「民主」之外，真正要大力推行的是「倫理」；也許我們可學學西方社會：權力可以擁有，但必須要經過選舉，並且有任期限制；財富當然可以累積，但一定要合法地納稅，也要自己做合理的捐獻。

從短期來看，一向樂觀的我，卻要下一個悲觀的結論：人有征服其他一切事物的本領，卻無法征服自己的貪婪。

天堂的窄門怎會為貪婪的人而敞開？

一九八九年五月號《遠見》雜誌

43 貫徹「執行力」，不能忽視「注意力」

貫徹執行力，有三塊阻擋的石頭：無知、私欲與懦弱無能。另一個基本原因則來自「注意力」的失焦。

把「觀念」轉化成「力量」

做一個觀念播種者，最大的鼓舞是來自所提倡的觀念，得到各界的熱烈支持。《執行力》這本中譯文的推出，就是這麼一個近例。它對台灣社會的向上提升，一定會產生重大的推力。

在當前「執行力」幾乎變成了人人在討論的一個主題時，一年前，在導讀《注意力經濟》一書時，我設計出了一張圖（見附圖）。標題是：從「注意力」到「執行力」——當「注意力」受到重視後，下一步就是「執行力」。

為什麼缺乏執行力？答案之一是面對排山倒海而來的資訊（網際網路、電視、廣播、報章、雜誌、書籍……），一個人的「注意力」難以集中。如何支配一個人的「注意力」、如何防止注意力的渙散、如何吸引注意力、如何使「注意力」發揮最大效益等等的課題，就誘發了注意力經濟（The Attention Economy）的一個新觀念。

今天，《紐約時報》週日版（二百餘頁）所含的資訊，已經超越了十五世紀讀者一個世紀可以獲得的書面資料。目前全球每年出版三十多萬冊新書及四萬種學術期刊，獨立於網際網路外的電子資料庫在美國達一萬二千個以上、美國白領階級每天平均花在處理電子郵件上的時間就是兩小時。這就是為什麼在市場經濟活動中，誰能多獲得消費者的注意力，誰就掌握商機，誰就擁有無限的可能（如市場占有率）。

「注意力」到「執行力」

當「注意力」受到重視後，下一步就是「執行力」

「注意力經濟」的興起

↓

分辨優先次序，善用注意力

↓

採取行動，發揮執行力

↓

執行力
- 正確執行：第一次就做對
- 有效執行：零缺點
- 做「對」的事，把事做「對」
- 錯誤的政策不能認真執行
- 減少決策錯誤原則：
  (1) 不讓意識型態掛帥
  (2) 不讓利益團體左右決策
  (3) 不要做短期受歡迎，長期有弊害的決策

摘自《高希均筆下的人與書》，天下文化，2002 年 5 月出版，P.14

因此，我們必須善用「注意力」。下面是幫助注意力聚焦的六個原則：

(1)善用「注意力」，就是善於掌握「優先次序」——分清哪些是重要的及不重要的。「捨」才會「得」，集中焦距，才能發揮核心優勢。

(2)「注意力」本身就是一種機會成本。把兩小時的注意力集中在看電影，就不能做兩小時的其他工作。

(3)注意力的最大敵人，就是不肯說「不」。做人面面俱到，做事拖拖拉拉，講話拖泥帶水，決策左顧右盼，都會造成「注意力匱乏症」。

(4)優秀的決策者，把少於一半的注意力，對付當前問題；把多於一半的注意力，策劃未來的發展。

(5)整天忙於救火的公司總裁，一如時時刻刻忙於處理危機的領導階層，一定是陷於水深火熱之中。

(6)喪失注意力的人，等於喪失了自我；善用注意力人，才會擁有競爭力。

再論執行力

《執行力》一書的兩位作者一語道破了「執行力」的重要性。他們說：「它是公司無法達成原先承諾的主要原因」。他們又指出：「把企業三項核心流程——人員、策略、營運——貫穿起來，『執行力』就是可以準時完成任務的方法。」

所以，對追求政績的政府官員，對追求利潤的大小企業，以及對追求實效的非營利組織，「執行力」是同樣不可或缺。我們常聽到的這些名詞：無力感、公僕難為、多做多錯、三思而後不行、政治秀、政策空轉……，正就反映出傳統文化中的保守與現實環境中的無奈。

把「執行力」定為「最首要」任務時，社會又重燃起了新的希望。

最近有好幾位企業家對「執行力」說得中肯而透澈。例如：

- 明基董事長李焜耀：「執行力就是靠紀律」、「你做事，我放心」。
- 趨勢科技董事長張明正：「有心加上執行力，天下就無難事。」他並且高呼：「執行力萬歲！」

• 建華金控執行長盧正昕：「執行力首重細節」、「積極參與，全力投入」、「執行力還要明快，不拖延」。

• 統一星巴克總經理徐光宇：「執行力建立在溝通上。」

• 中華航空董事長李雲寧更提供了一個周延的解釋：「在企業界，以『願景』為理想、『目標』是任務、『策略』講方法、『營運』重落實，而由『人』來將其內隱的知識轉化成外顯的績效，就是『執行力』。」

在附圖的第四個方框中，我提出了五個觀點。最後一項是減少決策錯誤的原則，值得再重複：

• 不讓意識型態掛帥。

• 不讓利益團體左右決策。

• 不要做短期受歡迎、長期有弊害的決策者。

在當前情勢下，尤其要避免的是：錯誤的決策，認真的執行。

二〇〇三年四月號《遠見》雜誌

44 專業內要內行，專業外不外行

專業外的人文素養

現代社會的一個特徵就是專業分工。它雖然帶來了整體的經濟利益，卻也使個人對於專業領域以外的一切都變得疏遠，形成專業領域中卓然有成、專業以外陌生寂寞。

對專業以外的人與事、對專業以外的知識與環境，沒有時間或者沒有興趣瞭解，就有可能變成專業外的孤獨，甚至變成專業外的「文盲」。

在台灣社會中，我尊敬那些在專業領域中表現出色的人，但也令我嚮往一些在他們專業領域以外，所表現的博學多才與人文素養，例如清華大學的前校長沈君山、和信醫院院長黃達夫，以及實踐大學校長謝孟雄。

與年輕朋友交談時，我常向他們鼓吹：不要羨慕那些大官、那些巨商、那些新貴；而是要學習那些專業以外也不外行的人！學習他們在專業中，可沉醉其中；學習他們在專業外，也享有人文情趣。

一九八〇年代的美國社會曾流行過「功能性文盲」（functional illiterate）一詞。它是泛指那些缺乏處理生活及周邊環境能力的人：如不會讀家具組裝的說明書，不能修理家中水電的細微故障，不會填報所得稅。把西方社會這種「實用性」的定義用到台灣，我們也會出現驚人的數字。我常擔心愈會用筆考試的年輕學生，愈不會用手來處理生活上的問題。

《紐約時報》的例子

當專業以外的知識——尤其是人文素養或泛稱的通識教育——所知有限時，

就出現了專業之外的外行現象。自己就是一個例子。

接受過美國大學人文教育的學生，專家們認為他們就能夠讀懂《紐約時報》《科學人》《華爾街日報》《紐約客》《經濟學人》等書報雜誌，並且會養成終身閱讀的習慣。

只要在美國，我當然會看《紐約時報》。讓我坦白地承認，以它星期天兩百多頁的報紙來說，有一半是我看得懂的：如國際時事、新聞評論、財經金融、體育、旅行、書評；另一半基本上讀而不懂的：科學、文學、宗教、語言、考古、音樂、舞蹈、戲劇……。

看不懂不是英文的問題，是知識不足的問題。這正反映出自己當年在台灣讀大學時，都沒有接觸過的學科。年輕時沒有底子，工作後忙於專業，再要從頭學習並不容易。生活在西方社會，就會深切體認到自己做一個現代人的欠缺。

為什麼一個在台灣的大學生大體上都可以讀懂國內的報紙？原因是台灣報紙的水準是在配合讀者的程度，而不是在提升讀者的水準。

那麼為什麼《紐約時報》會有那麼「高」的水準？實際上也無所謂「高」水

準，它只是配合美國知識份子的閱讀程度。這就是說，人文教育普遍的美國社會，它們的知識份子是喜歡讀那些題材的。

台灣則不然。事實上，台灣早已出現專業外孤獨的現象而不自覺。我們周邊有多少讀理工、讀財經、讀醫農的朋友能侃侃而談哲學、宗教、藝術、文學、音樂……？因此大家就很自然地接受不需要什麼知識背景的八卦、暴力、情色、內幕及政治口水戰的題材。只要社會上人文素養低落，媒體的素質是難以提升的。

如何來補救這種專業外孤獨現象？那當然只有透過社會的覺醒與自我的學習。

「學習」才會贏

多位當代管理學者近年來都強調：企業制勝最大的關鍵，已不是資源、資金、技術，甚至還不是人才與創新，而是要有持久的能力，比對手學習得更快、更徹底。企業是如此，政府部門也是如此，個人更是如此。

要判斷企業領袖或政治人物的成敗，只要認真觀察他們自身及重要幕僚，是否擁有較高的學習意願、較強的反省能力、較大的包容態度，以及較深厚的專業知識。

一個沒有學習能力的個人，他（她）的知識水準就會停留在二十歲左右的大學時代，他（她）的心智成熟也就停留在青少年期，這將是一個多麼殘缺的人生！

過去十年常聽到「愛拚才會贏」的吶喊，那是草根性的「匹夫之勇」；現在要提升到「學習才會贏」，來呈現「知識之力」。

被譽為「學習型組織」大師的彼得．聖吉（Peter M. Sange），終於要在十一月下旬來台親自講授「再造『學習型台灣』」。在他備受推崇的《第五項修練》一書中，他提出了五項修練：追求自我超越、改善心智模式、建立共同願景、參與團隊學習、推動系統思考。有了這種修練，當然就不會產生專業外的孤獨。

人的一生就是在尋找各種因素的平衡：家庭與工作，所得與休閒，儲蓄與消費，小我與大我。

要做一個內外兼顧的人，我想不能超過八分時間用於「專業」，不能低於二分時間用在吸取「專業外」的知識；否則，就容易變成「太多專業，太少人味」。專業知識可以使自己擁有生活的舒適；人文素養才能使自己體驗生活的豐富。

一個圓滿的人生是指：專業領域內是內行，專業以外也不外行。不僅要做一位完美的專業人，也要做一位有人文素養的現代人！

二〇〇三年十一月號《遠見》雜誌

45 一人教訓兩黨、穩兩岸、救兩代

——韓國瑜的勝利

「不能再分藍綠」

台灣民主選舉，居然出現了韓國瑜這樣一位草根性的群眾領袖。我要稱他為「衝經濟」的「平民英雄」。

- 別人衝政治，他衝經濟；別人做權貴，他做平民。
- 「衝經濟」就是貨出得去，人進得來，高雄發大財。
- 他的言行、衣著、語言，散布著「平民英雄」的特質：正直、擔當、勤奮、誠信、包容。

- 他是以「愛」與「包容」，在南台灣打敗了「恨」與「權勢」。
- 一個人，一身膽識，一貫熱情，一瓶礦泉水，一個美好的家庭，一串生動的語言，走遍台灣南北，捲起千層浪。
- 他的勝利，不是他的黨籍，不是大老的站台，不是金主的贊助。
- 他用最大的力氣告訴選民：「台灣不能再分藍綠。」
- 他最著急的是馬上要改善小市民、老百姓、中低階層、年輕世代、弱勢族群的收入、工作、生活，以及吸引外漂的人回家安居樂業。

在與陳其邁的辯論中，韓國瑜宣布：「貪，就關到死，不假釋。」地方政治中的清廉及共犯結構，一直是人民心中的大問號。如果國民黨在當選的十餘個縣市中，用蔡政府清算國民黨舊帳的手段來揭發「除弊」，哪有心力來創造機會「興利」？

三個連鎖效應

韓國瑜的學經歷很好（政大東亞研究所碩士，三屆立委，台北農產運銷公司總經理）。不做立委之後，馬英九總統主政八年，他有六年失業。在辯論中，顯出對推動市政有些陌生，但這無損於他要翻轉高雄的大企圖心與大藍圖。他不是公務員，他是大策劃的領導人。領導人應無私地找到一流人才，有共同願景，創造機會，一起打拚。

當前權勢、貪婪、謊言充斥的台灣，國會中不易找到誠信，公家機構中不易找到效率，企業總部中不易找到創新，台灣前進的動力在哪裡？

走到台灣的鄉鎮又老又窮，很多的角落張貼著出售轉讓，國際機場看不到很多外國旅客，國內外的投資與消費力道不足。這是一個缺乏經濟生氣的島嶼。

因此，韓國瑜在高雄找到了打動人心的口號：「讓台北拚政治，我們拚經濟。」

韓國瑜的勝利，已經產生了三個連鎖效應：

(1)教訓了兩黨運作：重民生，輕鬥爭；放下權貴與悲情，走向改革與重生。

(2)穩定了兩岸關係：「九二共識，一中各表」再出發。

(3)拯救了兩代生活：改善年長一代與年輕一代的生活。

韓國瑜說得好：「因為有九二共識，我們心中沒有任何圍牆，全部都是道路，條條大路通發財，條條道路通賺錢。」

扭轉民主頹勢

一九八〇年代末，台灣在浩浩蕩蕩的民主潮流中，沒有政變與流血，贏得華人世界第一個走向民主國家的讚譽。令人惋惜的是：除了「投票」的民主，其他配套欠缺，造成民主根基未堅，民主傳統未建。在選舉中，以仇恨、對立、內鬥來贏取選票聲，「民粹」乘勢而起，「政治正確」替代了理性決策。

當國民黨在立院受到杯葛，議事癱瘓；當民進黨執政時，靠投票變成了合法的「一黨治國」。

隨著高雄市長的勝選，韓國瑜的魅力與人民對他的期待，已從高雄出發。如果能成功地輻射到全台灣、大陸及華人社會，那麼他的成功，就是台灣人、中國人、華人的共同驕傲。

任重道遠，毋忘初心。

二〇一八年十二月號《遠見》雜誌

46

民心在翻轉，政治人物要換腦袋

張作錦的「民主焦慮」

要做歐美社會的政治領袖，必須要告訴選民如何應對當前二十一世紀的三大挑戰：科技衝擊、氣候變遷、核武威脅。川普以保護主義、退出《巴黎氣候協定》、北韓金正恩核武談判為對策。

在全球注視的美中貿易對抗中，「修昔底德陷阱」（Thucydides' Trap）預言「兩強爭霸終必一戰」的可能，變成了顯學。二千五百年前希臘歷史學者修昔底德以「陷阱」敘述雅典崛起，使斯巴達產生恐懼，戰爭終於無法避免，毀滅了二個城邦。

哈佛大學教授艾利森（Graham Allison）在《注定一戰？中美能否避免修昔底德陷阱》（八旗文化，二〇一八）中指出：當一個崛起的強權（中國），威脅到另一個已有的強權（美國）時，除非北京調整它的權力擴張，或華盛頓願意與中國共享太平洋霸權，一場戰爭爆發的可能性，比專家願意承認的要高。

遠在太平洋這邊二千三百萬人民的台灣，經歷了三十多年的民主洗禮，近年來卻陷入了資深媒體人張作錦所寫《誰說民主不亡國》（天下文化，二〇一五）的焦慮。

細讀張作錦書中的論述如：⑴台灣，成於民主，敗於民主？⑵政客收買選票，百姓零售國家？⑶台灣只能是「短暫的富裕」？⑷自由而無秩序，終將失去自由？⑸獅，醒了；龍，怎樣了？每一篇論述都使讀者驚覺民主這塊金字招牌背後的脆弱與風險。

這本書名也可理解成：「台灣能跳出民主陷阱？」或「誰說民粹不亡國？」

此刻或可用一句話概括：台灣三十年民主政治實施的結果是：民粹還在四處

燃燒，民生則持續凋萎。

在這「民主陷阱」中，韓國瑜在高雄選舉的勝出，出現了台灣人民投票行為的大翻轉。再綠的高雄選民選擇了要過「好日子」，不要再「搞政治」。因此對民進黨政府輸掉十五個縣市的最大教訓是：重民生，輕民粹；放下悲情與兩岸對抗，走向開放與兩岸交流。

「務實新世代」崛起

《遠見雜誌》於一月下旬對「務實新世代」再進一步做了調查（見本期專題報導）。十八～三十九歲民眾在回答「您最關心哪一項公共議題」時，十二項議題中，複選最高的五項依次為：民生與經濟（三七．六%）、教育（三二%）、食安（三二%）、勞工權益（二六%）、醫療（二一%）；最低的五項是兩岸關係（一七%）、國際局勢（一四%）、司法改革（一二%）、能源政策（一一%）、住宅（九%）。當前的民意再度告訴法政背景的政治人物：一定要有能力處理民眾關心的民生經濟。

國家、社會、企業是需要永續發展，但是有權力的人，絕不可以在位置上「永續經營」。權力使人腐化、傲慢、貪婪、自私；幸虧政治上有「選舉連任」的限制，新聞媒體的監督，以及知識份子善意的忠告。政治人物第二任的表現，通常會比第一任差，甚至身敗名裂；當「貪婪」在第二任中發酵時，就更容易從自己的權力及安排的人事中，獲得各種龐大利益。

韓國瑜開創了一個「冷」民粹、「熱」民生的韓式思維。在「九二共識、一中各表」及中華民國國旗飄揚下，接地氣的他就是一心一意要讓人民過好日子，戳破政客虛情假意地操弄統獨及兩岸。

政治人物要「放下」

做為中間選民的作者，誠懇地呼籲國民黨與民進黨政治領袖首先冷靜地走出同溫層，認清在瞬息萬變的數位時代，「未來」不追隨「過時」的英雄。愈有歷練的政治人物，愈要有勇氣認清：夕陽已經西下，群眾已經遠離，市場已經消失，掌聲已經屬於別人。

有些政治人物，一旦有權有位（不論中央或地方，民代與官派董事）就絕不放棄，並且用盡方法戀棧。另有些偏激的政治人物，還要不斷地興風作浪；使得全體人民因此負擔了太多內鬥與偏見的社會成本。辜振甫先生有一句寓意深長的話：「下台的背影要優雅！」

輸了選舉的，要爭取下一次；任期已滿不能再選的，就另闢戰場；這些人物所爭者不是政策與政績，而是人脈與金脈。

面對「民意如流水」的台灣，對政黨的忠誠度已在消失中，政治人物不能再硬拗。人生，除了政治權力，還有太多值得做的事，以及太多不值得做的事。

每當看到一個政治人物退出政壇，我內心是暗暗地為他們高興。當然不是幸災樂禍，而是覺得做對了一個「三贏」的決定——解放了自己，釋放了機會，增加了資源的流動。

面對選舉，「變」是唯一的不變；還在位置上的，要維持自己的政治生命，趕快換腦袋——接地氣、懂民生、和兩岸。

另一個選擇：見「好」就收；見「壞」更要收。你會發現：「放下」才是最好的選擇。

二〇一九年三月號《遠見》雜誌

第四部

新冠病毒肆虐下的省思
（二〇一八～）

多年來我提倡「讀書不輸」，此刻新冠肺炎病毒肆虐，正是「安於短暫隱居，均能度過疫關」。隱居中，拿一袋書，消失在海邊、山下、平原上，我不找你，你也找不到我。生命的鍵盤敲下「暫停」，取消約會，放下懸念，做一個書本上雲遊四海的讀者。心靜下來，只要有書作伴，就能感受到靠近知識火炬散發的熱量。我們不是一直嚮往《湖濱散記》、《山居歲月》那些意境嗎？捫心自問：自己怎麼會在都市的水泥叢林中停留這麼久？當你重溫古人的智慧，你更能體會：黑天鵝帶來的「危」也就是「機」。

深居簡出，抬頭望藍天白雲，低頭閱讀沉思，書本變成了最好的伴侶。

二十一世紀初，台灣社會的競爭力、生命力、凝聚力面臨了最嚴酷的挑戰。作為一個知識份子，千思百慮所能想到的，還是回歸到基本面——好好讀書，好好做人，好好做事。把讀書、做人與做事結合，使它在肺炎病毒消失後，變成提升台灣社會生活品質的新風潮。

因此鼓舞大家一起堅持「讀一流書」，「做一流人」，「建一流社會」。

——高希均 於二〇二〇年三月

47 川普主政下，遠離「美國第一」

——諾貝爾獎得主史迪格里茲的評斷

批評總統的白宮經濟顧問

十九年前獲得諾貝爾經濟學獎的史迪格里茲（Joseph E. Stiglitz），得獎前與得獎後從不自限於象牙塔裡自我感覺良好；所討論的經濟專題，都希望能引起社會大眾的共鳴。

這位極負盛名也有爭議性的哥倫比亞大學教授，所發表的大論述是不局限於美國，不局限於這一代，更不局限於經濟。

從大學時代，就從主修物理改讀經濟，正值年輕的他在印第安納家鄉蓋瑞城的衰落中，看到貧富懸殊、歧視普遍、教育不均等現象。MIT的博士訓練，名校的教職，切中時弊的言論，使他在柯林頓任內，受聘為經濟顧問委員會主席。

他身為白宮重要幕僚，卻直言柯林頓不惜犧牲社會福利等重要政策，用以刪減赤字，迎合在野黨所做出的政治妥協，辜負了選民當初的託付。

他位居世界銀行要職，也直斥國際貨幣基金成為美式資本主義的宣傳工具，並對它在因應全球金融危機時的僵化與麻木提出抨擊。

他在學府、白宮及國際機構所累積的第一手觀察，親身目擊權力官僚的左右逢源，「市場經濟」太多的限制性，及內在腐化的種子。他愈來愈相信：只有政府可以變成真正解決問題的關鍵之手；這與雷根總統認為「政府是問題製造者」的看法相反。

這位自由派大師，二〇一九年四月發表的著作《史迪格里茲改革宣言》(*People, Power and Profit*) 是他對全球化時代以來，資本主義（或泛稱市場經濟）所帶來的人民增加的憂鬱、剝削行為的持續、全球化中的利益衝突、金融危機中的貪婪、新技術創造的新財富及失業等，提出了強烈批判（詳見第二到第六章）。再以另一半篇幅提出「史迪格里茲改革宣言」。

二〇一九年九月，以《二十一世紀資本論》（*Le Capital au XXIe siècle*）聞名的法國經濟學家皮凱提（Thomas Piketty）也出版了他另一本巨著《資本與意識型態》（*Capital and Ideology*），在長達一千一百餘頁中，他控訴「超級資本主義」帶來了「世界經濟的不平等」。他的對策也是更多的政府參與，從教育正義、工人權益到高所得稅。大西洋兩岸的大學者都在鼓吹要有大政府。看來，「大政府」與「大市場」的世紀辯論，在柏林圍牆倒塌後，又將掀起另一波高潮；可惜海耶克（Friedrich von Hayek）與傅利曼二位市場派大師已去世。

不能容忍川普製造對立

天下文化已出版史迪格里茲前三本著作：

1. 《狂飆的十年》，二〇〇五年
2. 《世界的另一種可能》，二〇〇七年

3.《失控的未來》，二〇一〇年

在這些著作中，我們看到一位洞悉經濟理論與實際參與政府高層決策的學者，他要呈現的不是「理論凌駕現實」，或者「妥協超越理想」；而是要想出政策，使某一政策優點極大化，缺點極小化；並以這個態度來診斷當前美國及世界經濟的爭議。更具體地說，他心中的理想世界是四大元素的追求與平衡：經濟效率、社會正義、個人責任與自由價值。

這些題材也正是自己在一九七〇～九〇年代教述經濟政策時的課題。我那時曾有這樣的描述：

- 人人有成功的機會，人人有失敗的自由，這就是公平的美國。
- 大家向前看，大家向錢看，這就是公平的美國。
- 有眾多的百萬富翁，有眾多的貧窮家庭，這就是殘缺的美國。
- 處處有大愛，時時有搶劫，這就是迷惑的美國。
- 右手拿木棒，左手拿胡蘿蔔，這就是官方的美國。

執政快四年的美國總統川普，喪失了美國的立國精神；也違反了市場經濟的法則，及國際道義的承諾，進而破壞了人類與國家之間的互信與尊重。他追求「美國第一」，得到的是「美國霸權」。

這是美國立國近二個半世紀來不光彩的一頁。作者在書中不斷出現他對川普的強烈批判。在前言中，就出現這幾則：

- 川普仗著掌握的權力為所欲為，這種藐視真理、科學知識和民主精神的行徑，與其他保守派人士有根本差異。川普代表的其實是革命的一派，而非保守的一派。
- 川普大肆製造對立，並擴大對立，來獲取個人利益。促進文明世界所需要的文明素養被他拋在一邊，就連道貌岸然的語言和行為也被他徹底揚棄。

書中對川普施政撥亂反正的行動綱領，特別包括下面幾個重點：

(1)不能對「市場」放任，尤其當社會報酬（Social Return）與私人報酬（Private Return）出現落差懸殊時（如碳排放收費）。當「市場資訊不對稱」時，政府也必要採取行動，減少壟斷獨占。

(2)國家財富取決於二個支柱：國家生產力的提升與技術的升級，二者都需要政府大量投資。

(3)在國家整體財富增加過程中，要用有效的政策阻止企業剝削消費者及勞工，亦即要大量減少尋租（rent-seeking）的不當行為。

(4)社會中的彼此「對立」如果比較不嚴重，經濟體系的表現就會較好。因此，設法減少貧富差距，趨向所得接近，可以變成雙贏。

(5)所得分配的稅率必須要調整。教育不平等的問題也要處理，遺產稅目前也過低。

(6)美式民主已從「一人一票」逐漸變成「一元一票」，美國必須要有更平等分配的經濟體系。

(7)一九九七年及二〇〇八年的金融危機所呈現的華爾街貪婪、自私、道德敗壞需要嚴格防範，它傷害了社會的信任與人民的凝聚，不能重蹈覆轍。

(8)川普的孤立主義絕不是選項，必須要努力改善美國的國際關係。

(9)在推動經濟改革時，漸進主義與微幅調整，不足以解決各種難題。因此先要有政治改革，才能推動經濟改革。

本文標題很適合當前美國在新冠病毒肆虐下的慘狀。此刻（二〇二〇年三月二十六日傍晚）確診數為六萬九千一百九十七、死亡數一千零五十，各為全球第三、第六。在川普失控下，正逐步走向另一種「美國第一」。

一個距離天堂最近的美國，在川普四年主政下，竟會受到國內外如此的奚落及譴責！我們隔洋觀戰，完全沒有絲毫幸災樂禍的心理。這是一個相互依存的世界，美國好，世界才會好，台灣與大陸也才會好。天佑美國！

二〇二〇年四月號《遠見》雜誌

48 以讀攻毒，以書止輸

以「讀」攻「毒」

多年來我提倡「讀書不輸」，此刻新冠肺炎病毒肆虐，正是「安於短暫隱居，均能度過疫關」。隱居中，拿一袋書，消失在海邊、山下、平原上，我不找你，你也找不到我。生命的鍵盤敲下「暫停」，取消約會，放下懸念，做一個書本上雲遊四海的讀者。

心靜下來，只要有書作伴，就能感受到靠近知識火炬散發的熱量。我們不是一直嚮往《湖濱散記》、《山居歲月》那些意境嗎？捫心自問：自己怎麼會在都市的水泥叢林中停留這麼久？當你重溫古人的智慧，你更能體會：黑天鵝帶來的「危」也就是「機」。

當川普以保護主義「讓美國再偉大」來爭取選票時，波及的國家短期內會受苦，但懂得應變的對手，反因此也變得更強壯，加快地比美國更「偉大」，中國大陸華為的5G發展，可能是因禍得福的一個例子。

中國大陸經過這次肺炎災情後，封城的武漢、廣州、杭州等地，當生命力再現時，不少人預測，會冒出來的不是更多的、改善的家禽與海鮮市場，而是較多的狀元與文明。

書生的「三生」有幸

深居簡出，抬頭望藍天白雲，低頭閱讀沉思，書本變成了最好的伴侶，還需要口罩嗎？

利用每一個機會，排除雜念，專心地讀些好書。

一本有吸引力的好書，必擁有使你難以拒絕的這些特質：

(1)它傳播現代知識。

(2)它的論點有創意並激發創意。

(3)它的故事感人且有啟發性。

(4)它有實用價值。

(5)它在提倡人與自然的和諧共存。

(6)它在記錄人類（及國人）的傑出成就。

(7)它探索人類的心靈世界。

(8)它在提倡人間的長情與大愛。

透過自己的長期閱讀，現代人靠知識與技能——

才能有好的「生活」。

才能有尊嚴的「生存」。

才能有安身立命的「生計」。

這變成了「書生」的「三生」有幸。

自己一生幸運「與書共生」，從六歲起在上海讀書，到二十八歲在美國畢業、出來教書，與書變成了命運共同體——認真地讀書、教書與寫書；甚至有機會再回到台灣參與出版，興高采烈地選書、評書、印書，我變成了東西方社會中快樂的讀書人。

讀書，做人，做事

貫穿自己「一生」的信念，不是財富與權力，而是「讀書」與「教書」。因此我倡導：

人生的起點，不是誕生，而是與書結緣的那一刻；

人生的終點，不是死亡，而是與書絕緣的那一刻。

與書結伴的一生，就是「書生」；就是終身的知識之旅。

二十一世紀初台灣社會的競爭力、生命力、凝聚力面臨了最嚴酷的挑戰。作為一個知識份子，千思百慮所能想到的，還是回歸到基本面——好好讀書，好好做人，好好做事。把讀書、做人與做事結合，使它在肺炎病毒消失後，變成提升台灣社會生活品質的新風潮。

因此鼓舞大家一起堅持「讀一流書」，「做一流人」，「建一流社會」。

以「書」止「輸」

眾聲喧譁中，靜靜地聽一下「書」的十項自述與自信。老友王建煊看到後，要我寫下來，掛在他主持的基金會牆上。

(1)書是啟蒙的「種子」。
(2)書是溫柔的「鞭子」。
(3)書是學習的「階梯」。
(4)書是沉默的「老師」。
(5)書是跨越無知的「橋梁」。

(6)書是治療愚昧的「醫生」。
(7)書是打開封閉的「大門」。
(8)書是逃脫貧窮的「捷徑」。
(9)書是知識的「地圖」。
(10)書是前進的「思索」。
最大心得：離開書，你就輸。
最後留言：書是對抗病毒傳播的武器。

二〇二〇年三月號《遠見》雜誌

49 我們同在一口井裡

——在世界失控中的四項覺醒

面對災難與挑戰，人類的共同命運：可能是「同在一個地球上」，可能是「同在一條船上」，當前的疫情更像是「同在一口井裡」。要化險為夷，繫於一瞬間。

二〇二〇年人類突然發現：當新冠病毒在全球蔓延時，大家對性命的恐懼，遠勝過核彈的威脅。原來口罩遠比核彈更能保全性命。強國領袖決策的盲點是：花幾千億要摧毀遠方的敵人，忘記花一些錢來照顧身邊老百姓的性命。

命只有一條，人只活一次，當政府不斷犯錯時，成千上萬的人就無辜地被犧牲了。唯有靠人民的覺醒，才能懸崖勒馬。

近年來令人憂慮的現象反映在各大國及各領域：氣候暖化、貧富懸殊、新科技浪潮下的「贏者通吃」、大資本家與大掌權者的貪婪、軍火業的擴張與囂張、政客的危言聳聽與膽大妄為、網軍與假新聞的殺傷力；尤其川普展現的權力傲慢。

這些現象，正是社會「失控」的後果。所反映的是人民的判斷、理性的聲音及辯論的力道，都敵不過民粹、假新聞、網軍、政治正確。

覺醒一：重視智者的警告

歷史上並不缺少大瘟疫災難。即在二十一世紀，二〇〇三年的SARS，二〇一四年的伊波拉病毒，二〇一五年的中東呼吸症候群冠狀病毒MERS。

五年來，世界首富比爾．蓋茲（Bill Gates），也是一位人道主義者，在多次演講中提出警告：

二〇一五年：「如果在未來數十年有任何東西能殺死一千多萬人，極可能是具高度傳染性的病毒，而非一場戰爭。」他斷言：「今天全球最大的災難風險不是核彈，而是流感病毒。」

二〇二〇年三月，他已捐出一億美元治療新冠病毒，並且呼籲美國要關閉六至十週，才能有效阻止其蔓延。

無知與偏執付出了太高的代價。如果決策者及人民早就接受了蓋茲的忠告，那就不會有當前的焦慮及死亡。

覺醒二：與大自然和平共存

半世紀前（一九七二），歐洲出版了一本轟動各界的書：《成長的極限》（*Limits to Growth*）。四位作者以五項指標——人口、工業化、汙染、糧食、資源消耗，在各種模式中演算指出，如果人類不採取補救與防禦措施，長期的經濟成長就會面臨崩潰。二氧化碳及氣溫增加，會產生重大的水災、旱災、冰融，及動植物生存的傷害。澳洲大火、威尼斯水淹下沉，正是近年例證。

面對當前大規模的病毒傳播，專家們指出：這是人畜共患病，由動物傳給人類，有些病毒會人傳人。這類大流行的疫情，以後「肯定」會再發生。地球暖化的結果，使得很多病毒和細菌變強壯。只要人們不斷地接近與野生物種的距離，野生物種身上的細菌、病毒就會傳給人類。

廣受推崇的環保及動物學家珍．古德（Jane Goodall）說得透澈：「新冠病毒大流行是人類漠視大自然和不尊重動物造成。如果我們摧毀大自然，我們就在偷走子孫的未來。」

覺醒三：失控的根源來自決策錯誤

重大政策的失控，常誘發多方面的連鎖惡果。以美國擁有世界一流的人才、科技、資訊、醫學水準……，面對此病疫，白宮及加州、紐約等州政府當然不應當會陷入彼此爭論及衝突。根本的原因，除了政治算計，就是執政者對於資源分

▲ 2017 年 1 月，前美國國防部長培里（William Perry）來台舉辦《核爆邊緣》新書發表會時合影。

配不當的後果。經濟學上的「排擠效果」、「權衡取捨」與「機會成本」，完全可用來檢驗領導者的誤判。

美國在二〇二〇年的國防支出高達七千五百億美元。一直高居世界第一。這個支出總數，超過了排名在後的十個國家的總和。當軍事支出比例過高時，其他施政項目（如全民醫療、科研經費、人道援助、弱勢團體等等），必然受到嚴重的排擠。歷史上的教訓可以歸納成：當一國領導者：是好戰者遲早必敗；是好勝者遲早必輸；是好鬥者遲早必衰。

覺醒四：無人可置身事外

無論疫情如何結束，當前的這個世界正在經歷一個失控、失能、失衡的新情勢。幸運的是，根據《紐約時報》報導：新冠病毒雖然帶來了各國的封城，但各國的科學家，建立了前所未有的全球合作，打破國界共同研發疫苗，兩百多項臨床試驗已啟動，將重要的醫院和實驗室聚集一起。為了人類的生命安全，不分日夜在實驗室工作。

面對病毒侵襲，我們同在一口井裡，沒有人可以幸災樂禍置身事外。幾百億研究武器的預算，部分可以改成研究病毒。唯有大家相互協助，調整優先次序，共同開發疫苗，才能減少人類的災難。

哈佛奈伊（Joseph Nye）教授提出的「軟硬實力」之說，可以做一個延伸性的解釋。如果一個大國缺少保障人民醫療、健康、性命的能力，這個國家是既缺硬實力，也缺軟實力。尋求連任的川普，能不及時覺醒？

這四項覺醒，能幫助我們掙脫坐井觀天的小格局，走向一個健康、和諧與文明的世界。

二〇二〇年四月

附錄

㈠中文人名索引

4劃

- 王力行　10, 23, 25, 50, 53, 57
- 王永慶　9, 304
- 王作榮　110, 312
- 王建煊　363

5劃

- 丘宏達　251
- 申鉉碻　231

6劃

- 江宜樺　10

7劃

- 吳安妮　60
- 吳美雲　197
- 吳敏求　60
- 李吉仁　54
- 李秉喆　229-237
- 李國鼎　17, 19, 62-63, 111, 196, 226
- 李焜耀　331
- 李開復　60
- 李雲寧　332
- 李潤雨　234
- 杜書伍　60
- 汪彝定　110, 167
- 沈君山　19, 113, 334

8劃

- 周行一　54
- 周俊吉　60
- 林天來　45
- 林懷民　197
- 金正恩　344
- 金俊成　231

9劃

- 俞國華　77, 164-165, 167-168, 183-184
- 姚仁祿　60
- 施明德　9
- 施崇棠　60
- 洪　蘭　60
- 紀　政　220

10劃

- 倪文亞　325
- 孫運璿　164
- 孫　震　202, 226
- 徐立德　119, 129
- 徐光宇　332
- 殷允芃　25
- 馬英九　13, 60, 341
- 馬樹禮　325
- 高玉樹　197

11劃

- 崔鍾律　232

• 張玉文 50, 54
• 張作錦 17, 19, 23, 26, 344-345
• 張忠謀 60, 62-63
• 張明正 60, 53, 331
• 張善政 60
• 張繼正 308, 314
• 許士軍 54, 60,
• 許水德 188, 202
• 許志義 54
• 許耀雲 40, 43, 45
• 陳其邁 340
• 陳長文 60
• 陳　誠 196
• 陶百川 325
• 陸民仁 316

12 劃

• 童子賢 60
• 辜振甫 256, 348
• 黃男州 60
• 黃達夫 334

13 劃

• 楊瑪利 56

14 劃

• 趙耀東 119, 127, 207, 216, 325

15 劃

• 劉兆玄 60
• 劉金標 60
• 潘　冀 60
• 蔡明忠 60
• 蔡英文 11
• 蔣宋美齡 216
• 蔣夢麟 161-162
• 蔣碩傑 312
• 鄧小平 276-277, 279-283
• 鄧嘉玲 54
• 鄭竹園 207
• 鄭崇華 60

16 劃

• 盧正昕 332
• 賴清德 8
• 錢大群 60
• 錢　復 60
• 錢　煦 60
• 錢學森 282

17 劃

• 謝孟雄 334
• 謝長廷 13
• 韓國瑜 339-343, 346-347

20 劃

• 嚴長壽 60

㈡英文人名索引

A

- Acheson, Dean　艾契遜　211
- Allison, Graham　艾利森　345

B

- Bush, George H. W.　老布希　292-293

C

- Colby, William　科比　260

D

- Drucker, Peter F.　杜拉克　47, 49
- Dukakis, Micheal S.　杜凱吉斯　284, 293
- Dunlop, Joan　鄧洛波　243

E

- Eastburn, David P.　伊斯特本　97

F

- Friedman, Milton　傅利曼　100, 103, 311, 354

G

- Galbrait, J. K.　蓋布勒斯　203, 294
- Gates, Bill　蓋茲　366-367
- Gephardt, Richard　蓋哈特　266
- Goodall, Jane　珍・古德　368
- Gorbachev,Mikhail　戈巴契夫　209, 297
- Gregorian, Vartan　葛雷戈里恩　242

H

- Handy, Charles　韓第　47, 49
- Harari, Yuval Noah　哈拉瑞　57

- Haye, Friedrich von　海耶克　354
- Heiskell, Andrew　赫斯凱爾　242
- Hugo, Victor　雨果　76

I

- Iacocca, Lee　艾科卡　231

J

- Johnson, Chalmers　詹鶽　251

K

- Kahn, Herman　康恩　150, 259
- Kalb, Bernard　卡爾布　209
- Keynes, John Maynard　凱因斯　29, 47, 168, 15
- Kim, W. Chan　金偉燦　49

L

- Lockwood, William A.　拉克吾　150
- Lurie, Ranan　勞瑞　188

M

- Maubogne, Renée　莫伯尼　49

N

- Nye, Jr., Joseph S.　奈伊　9-10

O

- Ohmae, Kenichi　大前研一　49

P

- Passel, Peter　派索　254
- Perry, William　培里　369
- Piketty, Thomas　皮凱提　354

• Porter, Michael　波特	49

R

• Reagan, Ronald　雷根	83, 98, 104, 131, 138-140, 183, 209-210, 255, 259, 294-296, 353
• Reischauer, Edwin O.　賴世和	151
• Richardson, Elliot　理查森	212

S

• Safire, W.　賽法爾	210, 213
• Samuelson, Robert J. 薩門生	265
• Schultz, T. W.　蕭而治	84
• Schumpeter, Joseph　熊彼得	307
• Senge, Peter M.　聖吉	47, 337
• Shiina, Motoo 椎名素夫	273
• Shultz, George　舒茲	210-211
• Smith, Adam　亞當・斯密	100
• Solzhenitsyn, Aleksandr　索忍尼辛	283
• Stiglitz, Joseph E.　史迪格里茲	352, 354

T

• Takeshita, Noboru 竹下登	274
• terHorst, Jerald　德赫斯特	212
• Thatche, Margaret　柴契爾夫人	144, 163, 274
• Thucydides 修昔底德	344-345
• Tokuyama, Jiro　德山二郎	274
• Truman, Harry S.　杜魯門	130
• Trump, Donald 川普	344, 352-358, 360, 366

V

- Vance, Cyrus　范錫　211
- Vogel, Ezra　傅高義　150
- Volcker, Paul　伏克爾　314

W

- Wan, David　萬秀美　51, 53
- Wright, Frank L.　萊特　237

Note

社會人文 BGB570A

進步：累積台灣優勢

高希均 ── 著

總編輯 ── 吳佩穎
社文館副總編輯 ── 郭昕詠
責任編輯 ── 郭昕詠
校對 ── 張彤華、陳佩伶、魏秋綢
封面設計 ── 張議文
排版 ── 簡單瑛設

出版者 ── 遠見天下文化出版股份有限公司
創辦人 ── 高希均、王力行
遠見・天下文化・事業群榮譽董事長 ── 高希均
遠見・天下文化・事業群董事長 ── 王力行
天下文化社長 ── 王力行
天下文化總經理 ── 鄧瑋羚
國際事務開發部兼版權中心總監 ── 潘欣
法律顧問 ── 理律法律事務所陳長文律師
著作權顧問 ── 魏啟翔律師
地址 ── 台北市 104 松江路 93 巷 1 號 2 樓
讀者服務專線 ── (02) 2662-0012 ｜傳真 ── (02) 2662-0007；(02) 2662-0009
電子郵件信箱 ── cwpc@cwgv.com.tw
直接郵撥帳號 ── 1326703-6 號 遠見天下文化出版股份有限公司

製版廠 ── 東豪印刷事業有限公司
印刷廠 ── 祥峰印刷事業有限公司
裝訂廠 ── 精益裝訂股份有限公司
登記證 ── 局版台業字第 2517 號
總經銷 ── 大和書報圖書股份有限公司　電話／ (02) 8990-2588
出版日期 ── 2024 年 2 月 20 日第一版第 1 次印行
2024 年 5 月 13 日第三版第 2 次印行

定價 ── NT 500 元
EAN ── 4713510944486
電子書 ISBN ── 9786263555457 (PDF); 9786263555440 (EPUB)
書號 ── BGB570A
天下文化官網 ── bookzone.cwgv.com.tw

國家圖書館出版品預行編目（CIP）資料

進步：累積台灣優勢 / 高希均著 . -- 第三版 . -- 臺北市
: 遠見天下文化出版股份有限公司 , 2024.2
面；14.8×21 公分 . --（社會人文；BGB570）
ISBN 978-626-355-558-7（精裝）

1.CST: 言論集

078　　112019969

天下文化

BELIEVE IN READING